Unser Seelenzeichen verrät viel über unseren Charakter. Rosemary Altea enthüllt das Geheimnis der Seelenzeichen und gewährt uns überraschende Einsichten in unsere Persönlichkeit. In ihrer Typologie, die von den vier Elementen Luft, Wasser, Erde und Feuer ausgeht, kann sich jeder wiederfinden.

Rosemary Altea wurde in England geboren und wuchs dort auf. Heute arbeitet sie als Medium und Heilerin. Sie hat die Nonprofit Rosemary Altea Association of Healers in England und Vermont gegründet. Von ihr stammen die Bestseller *The Eagle and the Rose (Sag ihnen, dass ich lebe)*, *Proud Spirit* und *You Own the Power*. Sie lebt in Vermont.

Unsere Adresse im Internet: www.fischerverlage.de

ROSEMARY ALTEA

Die Kraft der Seelenzeichen

Entdecke wer du wirklich bist

Aus dem Englischen
von Theda Krohm-Linke

Fischer Taschenbuch Verlag

Deutsche Erstausgabe
Veröffentlicht im Fischer Taschenbuch Verlag,
einem Unternehmen der S. Fischer Verlag GmbH,
Frankfurt am Main, Dezember 2006

Die Originalausgabe erschien
unter dem Titel »Soul Signs« bei Rodale Inc., USA

Satz: Pinkuin Satz und Datentechnik, Berlin
Druck und Bindung: C. H. Beck, Nördlingen
Printed in Germany
ISBN-13: 978-3-596-16750-0
ISBN-10: 3-596-16750-7

Die Kraft der Seelenzeichen

Für meine eigene kleine Blume,
Gottes Geschenk an mich.
Ich werde dich immer lieben.
Dein Licht, dein Geist

sind leuchtend schön ...
Eine Visionär Seele,
Mein einziges Kind Samantha.
Wahrhaft meine Inspiration.

INHALT

VORWORT

Dieses Buch mag eher wie eine unterhaltsame Reise in die Welt der Seele erscheinen und nicht wie eine ernsthafte Erforschung der geistigen Welt. Aber mein geistiger Führer, Grauer Adler selbst, hat mich darauf hingewiesen, wie wichtig es für mich ist, die verschiedenen Seelentypen kennenzulernen und zu verstehen. Es geht im Folgenden um unterschiedliche Formen von Energie und die dazu gehörenden Seelenzeichen. Diese Konzepte sind nicht schwer zu verstehen; sie sind äußerst praxisorientiert, und schon bald werden Sie sich selbst und andere besser verstehen.

Warum schreibe ich dieses Buch, bei dem es sich, oberflächlich betrachtet, doch nur um eine Art Astrologie zu handeln scheint? Ich glaube, wenn wir das Geheimnis unserer Seele auch nur zu einem kleinen Teil entschlüsseln können, ermöglicht uns das persönliches Wachstum. Wenn wir auch nur ansatzweise verstehen, warum wir hier auf dieser Welt sind, können wir Entscheidungen treffen, die uns zu besseren Menschen machen, uns heilen und Hoffnung für die Welt geben. Und was könnte wichtiger sein?

Das Wissen in diesem Buch kann unsere Perspektive verändern – im Hinblick auf uns selbst, auf unsere Beziehungen und die Welt. Es kann uns die Augen öffnen. Es kann uns Erleuchtung schenken. Es kann uns zu Wachstum verhelfen.

Im Leben stehen wir ständig vor neuen Lektionen. Manche versäumen wir, und manche nehmen wir wahr. Mein geistiger Führer, Grauer Adler, hat sich große Mühe gegeben, mich geduldig über die Seelenzeichen zu unterrichten, und jetzt ist es meine Aufgabe, Ihnen dieses Wissen weiterzugeben. Ich hoffe, es erstaunt, inspiriert und begeistert Sie genauso wie mich.

TEIL I:

EIN GARTEN VOLLER SEELEN

BEGLEITEN SIE MICH IN DEN GARTEN

Vor ungefähr fünf Jahren erwähnte Grauer Adler mir gegenüber zum ersten Mal die Seelenzeichen, und ich war sofort von dem Thema fasziniert. Wenn man bedenkt, dass ich zu diesem Zeitpunkt schon mehr als zwanzig Jahre mit meinem geistigen Führer zusammenarbeitete, mögen manche von Ihnen es seltsam finden, dass er mich nicht schon viel früher an diesem wichtigen spirituellen Wissen teilhaben ließ. Aber es gibt einen einfachen Grund dafür: Ich war noch nicht so weit, und Grauer Adler wusste das. Jetzt aber war ich eine aufmerksame, wissbegierige Schülerin und lernte so viel wie möglich über eins der faszinierendsten Themen, mit denen ich je zu tun hatte.

Warum war meine Mutter so, wie sie war? Weil sie ein Feuerzeichen, eine Zurückblickende Seele war.

Warum reagiert meine Tochter auf manche Situationen in einer ganz bestimmten Art und Weise? Weil sie ein Erdzeichen ist, ein Visionär.

Warum nimmt meine Schwester, ganz anders als ich, alles so leicht? Weil sie ein Luftzeichen, ein Prophet ist.

Wie kommt es, dass meine Freundin Chris immer einen Kompromiss findet? Nun, sie ist ein Wasserzeichen, eine Alte Seele, und deshalb fallen ihr Kompromisse leichter als anderen.

Und was ist mit Ihnen? Was für eine Seele, was für ein Zeichen sind Sie? Wenn Sie dieses Buch lesen, werden Sie es herausfinden. Sie werden etwas über Energiegruppen, Seelenzeichen, Seelencluster, Kraftquellen und den Fluss der Energien lernen. Sie werden etwas über Ihre Beziehungen erfahren, darüber, wie und warum sie funktionieren oder nicht. Und die Lektüre wird Sie hoffentlich genau wie mich dazu inspirieren, etwas über die Seelenzeichen anderer erfahren zu wollen. Aber zunächst sollte ich Ihnen vielleicht ein wenig mehr von mir erzählen.

Manche von Ihnen kennen mich bereits durch meine Bücher und Seminare, durch meine Website oder meine Arbeit als spirituelle Heilerin. Für manche von Ihnen jedoch wird dies die erste Begegnung mit mir sein. Zum ersten Mal begeben Sie sich mit mir auf eine Reise, lassen mich eintreten in Ihr Leben.

Ich arbeite im Reich des Spirituellen, lehre, werde gelehrt und versuche, seelisch zu wachsen.

Grauer Adler trat 1981 in mein Leben, und seitdem begleitet er mich. Die Geschichte unseres Zusammentreffens habe ich in meinem ersten Buch, *The Eagle and the Rose**, erzählt. Als mein Geistführer hat er mir geholfen, Antworten auf viele meiner Fragen zu finden, indem er den Schatz seines Wissens mit mir teilte. Wir sind Partner: Grauer Adler ist der Lehrer, ich bin die Schülerin. In seiner Zeit auf der Erde, vor über einem Jahrhundert, war Grauer Adler Schamane der Apachen, ein Medizinmann und Heiler, und so scheint es nur natürlich zu sein, dass auch ich Heilerin bin, mit einer Organisation in England und einem Center in Vermont. Grauer Adler unterstützt mich in meiner Arbeit und in meinem Leben auf vielfältige Weise, und sein Werk und seine Weisheit haben mich zu dem Konzept der Seelenzeichen geführt.

Grauer Adler hat mir immer gesagt, ich sei eine Krieger Seele, und lange Zeit habe ich das einfach nur akzeptiert und

* Rosemary Altea, *Sag ihnen, dass ich lebe*, München 1996

niemals hinterfragt, was er damit meinte. Aber in den letzten Jahren begann ich Fragen zu stellen: Die Möglichkeit, wirklich etwas über die Seele zu erfahren, reizte mich immer mehr. Eine meiner ersten Fragen an Grauer Adler war: Wenn ich eine Krieger Seele bin, bedeutet das, dass es noch andere Arten von Seelen gibt, und wenn ja ... Sie können sich vorstellen, dass die Fragen nicht aufhörten, nachdem ich erst einmal angefangen hatte. Die Antworten, die ich erhielt, veränderten meine Perspektive auf Dinge, Menschen, Situationen und all die unterschiedlichen Beziehungen, die wir haben. Das Wissen um die Seelenzeichen hat mein Leben verändert. Das könnte auch Ihnen so gehen.

Von Zeit zu Zeit erwähne ich in diesem Buch, dass ich mit den Toten sprechen kann. So seltsam es klingen mag, aber es ist meine Gabe und mein Auftrag, durch Zeit und Raum in andere Welten und Dimensionen zu reisen und nach meiner Rückkehr von meinen Erfahrungen zu berichten. Dieser Wechsel von Zeit und Raum kann ganz unerwartet und blitzschnell geschehen, aber auch kontrolliert und in einem langsameren Prozess; in einem Restaurant, auf der Straße oder zu Hause in meinem Bett – eigentlich überall. Manchmal bin ich mir dessen bewusst, und manchmal ist es so sehr ein Teil von mir, dass ich es gar nicht merke.

Meine Freunde, diejenigen, die mich gut kennen, wissen, wenn es geschieht. Sie beschreiben es alle auf die gleiche Art: Wenn ich in eine andere Welt gleite, scheinen sich meine Augen nach hinten zu drehen, wie ein Teleskop, das sich langsam auf etwas außerhalb ihres Blickfeldes richtet.

Ich merke von all dem nichts, weder vom Verdrehen meiner Augen noch von irgendeiner sonstigen körperlichen Veränderung. Und es gefällt mir so, weil es bedeutet, dass ich Zugang zu Menschen und Orten habe, die andere Menschen als unsichtbar bezeichnen würden. Es bedeutet auch, dass ich einen

Zugang zu Informationen, Wissen und Einsichten habe, der anderen verwehrt ist. Das macht mich zwar nicht allwissend oder alles sehend, aber es lässt mich einige der Themen verstehen, die wir Sterblichen verwirrend finden.

Als ich mit meiner Arbeit als spirituelles Medium begann, wurde über Themen wie Leben nach dem Tod und geistige Kommunikation nicht annähernd so offen geredet wie heute. Allein schon die Vorstellung, dass ein spirituelles Medium in einer Fernsehsendung auftreten könnte, wäre wohl für verrückt gehalten worden.

Heute ist das nicht mehr so. Wir sind mit diesen Ideen vertraut und können sie erforschen, ohne ständig auf skeptische Blicke, hochgezogene Augenbrauen oder Vorurteile zu stoßen. Wenn ich in dieses unsichtbare Reich eintauche, suche ich nach Perlen wie ein Perlentaucher, wie eine Biene, die auf der Suche nach Nektar von Blüte zu Blüte fliegt. Und jedes Mal finde ich einen Schatz, ein kleines Juwel an Weisheit, das ich vorher noch nicht besaß. Und diese kleinen Schätze, die ich mitgebracht habe, leuchten Ihnen mit ihrer Wahrheit aus den Seiten dieses Buches entgegen.

Mein Leben lang war ich daran gewöhnt, zu fühlen, zu sehen, zu hören, zu spüren, vorauszuahnen. Es fällt mir leicht zu verstehen, wie Energie funktioniert, wie sie sich bewegt, verändert und Form annimmt. Es Ihnen zu erklären, damit Sie es genauso gut verstehen können, war das größte Problem beim Schreiben dieses Buches. Bestimmte Schlüsseleinsichten werde ich immer wieder wiederholen, damit Sie Ihre Energiegruppe und Ihr Seelenzeichen besser bestimmen können.

Ich könnte Ihnen so viele Geschichten erzählen. Mein Leben ist reich an Gottes Wundern, und ich möchte sie mit Ihnen teilen. Kommen Sie also und begleiten Sie mich auf einer Reise. Ich möchte Ihnen von den Seelenzeichen erzählen.

MANCHE DINGE KÖNNEN WIR ÄNDERN, ANDERE NICHT

Warum suche ich mir immer denselben Partner aus?
Warum geht sie immer gleich in die Luft?
Warum will er immer alles kontrollieren?
Warum können sie nicht so sein wie *ich*?
Warum kann ich nicht so sein wie *sie*?
Warum sind sie so, wie sie sind?
Warum bin ich so, wie ich bin?
Wie oft stellen wir uns solche Fragen! Wie oft sind wir frustriert, weil jemand einfach nicht begreift, worum es uns geht, oder weil wir nicht begreifen, worum es jemand anderem geht? Warum fällt es uns so schwer, Menschen, auch uns selber, einfach so zu akzeptieren, wie sie sind?
Ich wünschte, meine Mutter wäre mehr wie deine.
Ich wünschte, mein Vater wäre nicht immer so aufbrausend.
Ich wünschte, mein Mann wäre romantischer.
Ich wünschte, meine Frau wäre temperamentvoller.
Ich wünschte, mein Sohn wäre sportlicher.
Ich wünschte, meine Kindheit wäre schöner gewesen.
Und so weiter – und so versuchen wir alle, zumindest die anderen zu ändern.

Menschen. Menschen sind komisch, Menschen sind seltsam, Menschen denken und handeln unterschiedlich, sogar unter den gleichen Bedingungen. Menschen! Warum können wir uns nicht alle gleich benehmen? Warum all die Konflikte und Missverständnisse, die Verwirrung? Wenn wir uns einig wären, die gleichen guten Absichten hätten, dann würde doch auf der Welt endlich Frieden herrschen. Oder? Warum einigen wir uns eigentlich nicht, nach all den Kriegen, die die Menschheit schon hinter sich hat? Wie oft müssen wir denn noch in schlechten Beziehungen leben, uns mit unseren Kindern streiten, unsere Eltern missverstehen?

Manchmal kommt es uns so vor, als könnten wir einfach nichts ändern, so sehr wir uns auch bemühen. Manchmal hoffen wir auf ein Wunder, darauf, dass unser Leben plötzlich wie verwandelt ist, wenn wir am nächsten Morgen erwachen. Oft erwarten wir von anderen, dass sie sich so verhalten wie wir oder wie wir es gerne hätten, aber unsere Erwartungen erfüllen sich einfach nicht. Warum ist das so?

Manche Dinge gehören zu unserem spirituellen Schicksal, und sie sind einfach nicht zu ändern: bestimmte instinktive Verhaltensweisen und spontane Handlungen, die gelegentliche Unfähigkeit zu handeln, wenn wir eigentlich handeln müssten, Situationen, in die wir uns wider besseres Wissen hineinziehen lassen, und unsere Reaktionen – das Bedürfnis zu kämpfen, zu schreien, zu beschützen, zu verbergen, zu diktieren, zurückzuweichen, zu kontrollieren und wegzulaufen. Diese Bedürfnisse überkommen uns ohne unser eigenes Zutun, sie werden von der Energie erzeugt, die uns durchfließt und uns vorantreibt. Energieflüsse bestimmen unser Verhalten, und ganz gleich, wie sehr wir uns bemühen, sie zu kontrollieren oder zu verändern – zu manchen Zeiten gelingt uns das ja auch –, es reißt uns mit, und wir können nicht anders als genauso sein, wie wir sind.

Wir, alle Lebewesen, bestehen aus reiner Energie, aber die

Auswirkung dieser Energie wurde bis jetzt noch nie beschrieben, weil man sie nie ganz verstanden hat. Wir haben bisher eigentlich nie einen spezifischen Energietyp mit der Art und Weise assoziiert, in der wir denken und uns verhalten.

Der ursprüngliche Funke Ihrer Seele ist aus einer ganz besonderen Energiequelle entstanden. Dieser Funke ist für jeden von uns individuell, die Energie jedoch kommt immer aus einer von fünf Quellen: Feuer, Erde, Luft, Wasser oder Schwefel. Dies sind die elementaren *Energiegruppen*, die Energiequellen, aus denen alle Seelen auf der Erde erschaffen wurden. Als Ihre Seele zur Welt kam, war sie umgeben und durchdrungen von Energie, die es von Anbeginn an gab und ohne die eine Schöpfung nicht möglich gewesen wäre. Diese Energie bestimmt, wie Ihre Seele funktioniert.

Feuer, Erde, Luft, Wasser oder Schwefel – die Energiegruppe, zu der Sie gehören, gibt Ihnen Ihre Kraft, Ihre Persönlichkeit und Ihre Charakterzüge. Sie gibt auch Hinweise darauf, zu welcher Art von Freunden und Partnern Sie sich hingezogen fühlen – und wie diese Beziehungen über die Jahre funktionieren werden.

Mit diesem Konzept der Elemente sind Sie vielleicht aus der Astrologie oder anderen alten Disziplinen und Traditionen vertraut. Astrologie fasziniert die meisten von uns, auch wenn viele sich ein wenig darüber lustig machen. Trotzdem wollen wir wissen, was uns das Tageshoroskop sagt. Ich bin Stier, meine Tochter ist Widder, und es macht Spaß zu erfahren, was unsere Sternzeichen über uns und unser Geschick aussagen. Aber es steckt mehr als Spaß dahinter. Sie kennen doch das alte Sprichwort: »Es gibt mehr zwischen Himmel und Erde, als unsere Schulweisheit sich träumen lässt.«

Es gibt zwar eine Beziehung zwischen dem, was Sie hier lernen werden, und anderen Disziplinen wie der Astrologie zum Beispiel, aber mit den Namen der Elemente – Feuer, Erde, Luft und Wasser – enden die Ähnlichkeiten schon. Mein Vater zum Beispiel ist astrologisch gesehen ein Fisch, ein Wasserzeichen. Sein Seelenzeichen jedoch gehört zur Erdenergiegruppe. Meine Mutter ist Wassermann, ein Luftzeichen, aber ihr Seelenzeichen ist erfüllt von Feuerenergie. Meine Schwester ist, wie mein Vater, Fisch, ihre Energiegruppe jedoch ist Luft. Auch wenn Sie mit astrologischen Zeichen und ihrer Wirkung auf das Temperament eines Menschen vertraut sind, verwechseln Sie nicht die Lehre von den Seelenzeichen mit der Astrologie. Die Seelenzeichen sagen uns so viel mehr darüber, wer, warum und was wir sind.

Feuer, Erde, Luft, Wasser oder Schwefel – zu einer dieser fünf Energiequellen gehören Sie, eins dieser Seelenzeichen *sind* Sie, so wie ich eins davon *bin*. Im weiteren Verlauf werden Sie selber sehen, zu welchem Element Sie gehören und was das bedeutet.

Jemand, der unter dem Einfluss von Feuer geboren wurde, wird instinktiv von Leidenschaft und Emotionen getrieben und wird manchmal nicht in der Lage sein, diese intensiven Momente voll unkontrollierbarer Leidenschaft und Glut aufzuhalten, ganz gleich, wie sehr er sich bemüht. Von solchen Menschen zu erwarten, dass sie sich anders benehmen, wäre so, als versuchte man, den Lavastrom eines ausbrechenden Vulkans aufzuhalten. Unmöglich.

Eine Person, die unter dem Einfluss von Erde geboren wurde, wird instinktiv angetrieben von einem Bedürfnis zu planen und zu entwerfen. Ein solcher Mensch wird beziehungsweise kann nicht anders als solide und entschlossen sein, wenn er den Handlungsverlauf erst einmal festgelegt hat. Von solchen Menschen zu erwarten, dass sie sich anders benehmen, wäre so, als erwarte man, einen Berg vor unseren Augen zu Staub zerfallen zu sehen. So etwas wird nie geschehen.

Eine Person, die unter dem Einfluss von Luft geboren wurde, wird instinktiv von einem passiveren und beruhigenderen Energiefluss bewegt und wird niemals Autorität über andere haben wollen und sie auch nicht über sich dulden, da sie dazu im Allgemeinen viel zu frei, gelassen und unbeschwert ist. Von jemandem mit einem Seelenzeichen in der Luftgruppe zu erwarten, dass er sich anders verhält, wäre das Gleiche, als erwarte man, dass der Wind unseren Befehlen gehorcht – ein äußerst seltener Umstand.

Eine Person, die unter dem Einfluss von Wasser geboren wurde, wird instinktiv von dem Bedürfnis getrieben, auszugleichen und Kompromisse zu schließen. Sie wird die meiste Zeit mit dem Strom schwimmen. Sie zwingen zu wollen, sich anders zu benehmen, wäre so, als stünde man mitten im Fluss und erwarte, dass er seinen Lauf ändert. Das wird nicht funktionieren.

Es gibt noch eine weitere Energiegruppe, eine weitere Naturkraft, die einige von uns antreibt. Die Energie von Schwefel ist dunkel und abweisend, und wer unter dem Einfluss von Schwefel geboren wurde, wird instinktiv vom Bösen getrieben. Es ist eine Person, die nur dunkel sein kann und will. Von solch einem Menschen Liebe oder Mitgefühl zu ersehnen, wäre so, als erwarte man, dass die bitterste, widerwärtigste Medizin so süß wie Nektar schmeckt.

Es gibt ein paar Dinge, die wir einfach nicht ändern können, so sehr wir uns auch bemühen.

Kürzlich war ich in New York auf einem Seminar und überbrachte einer jungen Frau aus dem Publikum eine Nachricht aus der geistigen Welt von ihrer Großmutter, die zwei Jahre zuvor an Krebs gestorben war. In einem Teil der Botschaft der alten Frau an ihre Enkelin ging es um das Privatleben der jungen Frau. Sie sei unglücklich, sagte uns die Großmutter, und sie habe schon einige Male damit gedroht, ihren Freund zu verlassen. Es klappte einfach nicht zwischen den beiden. Die junge Frau nickte unter Tränen, weil sie merkte, dass ihre Großmutter die Situation richtig einschätzte. Aber konnte sie ihr auch einen guten Rat geben?

»Meine Enkelin ist ein gutes Mädchen«, sagte sie zu mir. »Aber sie ist sehr unreif. Sie bestimmt gerne über andere und versucht ihren Freund zu kontrollieren. Wissen Sie«, fügte sie weise hinzu, »daran kann man einfach nichts ändern.« Ganz offensichtlich war die Enkelin ein Erdzeichen.

Weiter erzählte sie mir, der Freund sei reizend, ein wirklich netter junger Mann, »aber manchmal ist er einfach zu leichtlebig, und das macht sie verrückt«. Ganz offensichtlich war er ein Luftzeichen.

Wird die junge Frau ihre Kontrollnatur verändern können? Mit den Jahren, wenn sie reifer wird, sicherlich, aber es wird immer wieder Momente geben, da wird sie einfach nicht anders können.

Wird sich ihr Freund verändern? Natürlich – aber nur bis zu einem gewissen Grad. Es ist seine Natur, sein Energiefluss. Er ist ein Luftzeichen, und er wird es immer bleiben.

Und dann gibt es noch die Dinge, die wir ändern *können* – bei uns selbst. Erdzeichen zum Beispiel neigen dazu, sehr bestimmend und selbstbewusst vorzugehen und können manchmal recht schwierig im Umgang sein. Wenn man jedoch versteht, dass sie nichts dafür können, kann man sich anders darauf einstellen. Wenn Sie mit einem Erdzeichen verheiratet sind, können Sie dann mit dem fordernden Charakterzug Ihres Partners toleranter umgehen.

Oder vielleicht haben Sie einen Chef, der so jähzornig und aufbrausend ist, dass Sie sich unzulänglich und dumm vorkommen, wenn sie von ihm heruntergeputzt werden. Wenn Sie jedoch erst einmal festgestellt haben, dass er ein Feuerzeichen ist, dann nehmen Sie seine Ausbrüche nicht mehr so persönlich. Sein Verhalten geht Ihnen nicht mehr so unter die Haut, und Sie bewahren Ihre Selbstachtung und Ihr Selbstvertrauen.

Vielleicht wünschen Sie sich auch, Ihre Mutter würde mehr auf ihre Rechte pochen, aber das kann sie nicht, weil sie ein Luftzeichen ist. Sobald Sie wissen, dass sie nichts dafür kann, akzeptieren Sie sie so, wie sie ist. Sie hören auf, sich etwas zu wünschen, was Sie doch nicht erreichen können.

Oder aber, Sie sind als Wasserzeichen in der Lage, auszugleichen, zu argumentieren und Kompromisse zu finden, möchten aber lieber wie Ihr Bruder sein, derjenige in der Familie, der es wagt zu handeln und die Initiative zu ergreifen. Er ist ein Jäger, ein Erdzeichen, und Sie, nun ja, Sie sind eben die vorsichtigere, achtsamere Alte Seele. Natürlich können Sie nicht wie er sein, Sie sind eben so und nicht anders. Wenn Sie jedoch die Charakterzüge dieser beiden Seelenzeichen betrachten, dann werden Sie feststellen, dass das eine dem anderen an Wert nicht nachsteht. Sie erfahren, dass Ihre Stärken einfach in anderen Bereichen liegen, und schließlich werden Sie sich so akzeptieren, wie Sie sind.

Was wir ändern können, hat etwas mit der Entdeckung unseres Selbst zu tun. Zu unserem eigenen Besten können wir im Rahmen des uns Gegebenen verändern, wie wir denken, fühlen und handeln. Es liegt an uns.

Ich bin ein Erdzeichen. Meine Tochter, Samantha Jane, ist ebenfalls ein Erdzeichen. Aber Grauer Adler hat mir gesagt, ich sei ein Krieger, während Samantha Jane ein Visionär ist. Wir sind uns in vieler Hinsicht sehr ähnlich, und doch sind wir unterschiedlich, wie zwei Sorten der gleichen Blumenart.

Denn zusätzlich zu den fünf Energiegruppen, die uns in unseren Handlungen antreiben, gibt es dreizehn einzigartige Seelenzeichen, die unsere Persönlichkeit bestimmen. Jede Energiegruppe außer Schwefel bringt drei unterschiedliche Arten von Seelen hervor, und obwohl sie gewisse Ähnlichkeiten miteinander haben, sind sie doch auch sehr unterschiedlich. Wenn wir später bei jedem Seelenzeichen ins Detail gehen, können wir klarer erkennen, welches Seelenzeichen wir sind und was das für uns bedeutet.

Ihr Seelenzeichen ändert sich nie. Es steht fest vom Anbeginn der Existenz der Seele bis hin zu zukünftigen Leben und Existenzformen. Mit anderen Worten, ich bin und war immer ein Krieger. Ganz gleich, welche Lebensform ich mir vor dieser irdischen Existenz ausgesucht habe, ich war ein Krieger. Und ich werde auch nach diesem Erdenleben immer eine Krieger Seele sein.

Welches der dreizehn Seelenzeichen sind Sie?

Feuer, Erde, Luft, Wasser oder Schwefel – zu welcher Energiegruppe gehören Sie?

Das, und was Sie verändern können und was nicht, werden Sie jetzt herausfinden.

WAS IST UNSERE SEELE? UND WO IST SIE?

Um unsere Energiegruppe und unser Seelenzeichen wirklich zu verstehen, sollten wir ein wenig mehr darüber wissen, wie die Seele funktioniert. Wir wissen, dass wir eine Seele haben, und wir verstehen auch, dass sie etwas mit unserem spirituellen Wesen zu tun hat. Mehr aber wissen wir nicht. Bisher war noch niemand in der Lage, genau zu definieren oder zu beschreiben, wie die Seele aussieht, oder etwas über sie zu sagen, was sie greifbar macht. Man hat uns gelehrt, sie zu schätzen und zu bewahren, aber sie ist ein Geheimnis geblieben ... bis jetzt.

Wie viele von Ihnen weiß ich seit frühester Jugend von meiner Seele. In der Kirche lernte ich, dass man die Seele behüten müsse, weil sie auch nach dem leiblichen Tod weiterbestehe. Ich hörte aufmerksam zu, und auch wenn ich nicht alles verstand, so glaubte ich doch daran. Ich konnte meine Seele zwar nicht sehen oder berühren, aber da ich meinen Lehrern vertraute, vertraute ich auch darauf, eine Seele zu haben. Christus war mein Vorbild, und sein Beispiel erweckte meine eigene Spiritualität. Schließlich lernte ich, dem Herzschlag meiner Seele zu lauschen.

Seit dieser Zeit bin ich um die ganze Welt gereist und habe viele religiöse Glaubenssysteme kennen gelernt, von denen manche älter sind als das Christentum. Ich öffnete meine Augen einer weiteren Welt, einer größeren Erfahrung, und dadurch wuchs mein Glaube und wurde noch stärker.

Wenn ich einen Geist oder eine Erscheinung sehe, dann stelle ich Fragen. Meine Neugier ist meistens größer als meine Angst oder Nervosität. »Wer bist du? Was willst du? Kann ich etwas für dich tun?« Schon in meiner Kindheit hatte ich die Fragen im Kopf, auch wenn ich vor Angst sprachlos war. Zeit und Erfahrung lehrten mich, dass ich keine Angst zu haben brauchte und der geistigen Welt jede Frage stellen konnte. Und mit der Zeit sind meine Fragen immer spezifischer geworden.

In den letzten fünf Jahren drehten sich alle meine Fragen um die Seele. Was ist sie? Wo ist sie? Grauer Adler, der immer bereit ist, mich zu unterrichten, wenn ich bereit bin zu lernen, begann mit seiner Lektion.

Was ist unsere Seele?

Die Seele ist unsere Essenz, unsere Energie. Während unserer Zeit auf der Erde lebt sie in unserem Körper, kann jedoch jederzeit hinein und heraus, ganz wie sie will. Genau wie das Gehirn verfügt unsere Seele über einen reichen Wissensschatz. Sie hat Charakterzüge, Emotionen, die Fähigkeit zu lernen und zu wachsen, zu reifen und zu gedeihen, wenn wir sie pflegen und nähren. Sie umfasst alles, was wir sind, was wir waren und was wir sein werden.

Mit ihrem ätherischen oder geistigen Körper kann die Seele durch das Universum reisen und die Lieben besuchen, die gestorben sind. Die Erinnerungen an diese Besuche gelangen durch unsere Träume zu uns, Träume, die zwar äußerst real wirken, aber doch für viele schwer zu greifen sind. Die Seele kann auch andere Menschen auf der Erde besuchen. Ein Beispiel dafür ist ein Freund, den ich erst später kennen lernen sollte und der von zwei Wesen aus der geistigen Welt eines

Nachts in mein Schlafzimmer gebracht wurde. Ich sah ihn ganz deutlich und beschrieb ihn detailliert meinen Freundinnen. Zwei Monate später lernte ich ihn tatsächlich kennen.

Auch Tiere haben Seelen und gehören zu unserem Seelencluster, wie ich später noch erläutern werde. Sie spielen eine wichtige Rolle in unserer Erfahrung auf der Erde.

Zu Beginn ihrer Schöpfung und während ihrer Entwicklung ist jede Seele, die jemals existiert hat oder in der Zukunft existieren wird, durchdrungen, umgeben und beeinflusst von ihrem eigenen, besonderen Energietyp, der aus einer besonderen elementaren Energiequelle stammt. Im gesamten Universum gibt es Hunderte, wenn nicht sogar Hunderttausende von Energiegruppen, in denen eine Seele geboren werden kann. Auf unserer Erde jedoch existieren nur fünf Energiegruppen, aus denen alles Leben entsteht. Alles Leben.

Jeder von uns besitzt die Fähigkeit, diese Energie auszudehnen, zu entwickeln und damit zu arbeiten. Unseren Energietyp können wir jedoch nicht ändern. Wollten wir versuchen, unsere Energiekraft zu ändern, dann wäre das so, als wollten wir aus einem Schokoladenkuchen eine Erdbeertorte machen. Die Zutaten, aus denen die Seele besteht, ihre Kraftquelle, bleiben immer gleich – einmal ein Krieger, immer ein Krieger.

Die Form der Seele verändert sich jedoch mit den Bedürfnissen. Sie kann jederzeit jede Form und Größe annehmen, die sie will. Sie kann so groß wie der menschliche Körper sein, der sie beherbergt, oder aber so klein wie der winzigste Nerv.

Es gibt Momente, in denen unsere Seelen miteinander reden. Manchmal sind wir uns dessen bewusst, wenn wir sofort eine Sympathie oder Abneigung gegenüber jemandem spüren. Dieses Gefühl, negativ oder positiv, empfinden wir instinktiv. Zu anderen Zeiten jedoch merken wir von einer solchen Verbindung nichts, obwohl sie vorhanden ist.

In gewisser Weise hat die Seele Augen und Ohren, sie sieht,

sie hört, sie verarbeitet Erfahrungen. Wir selbst hingegen lassen uns oft zu stark von materiellen und weltlichen Themen ablenken und sollten mehr auf die Energie unserer Seele achten. Die Seele bestimmt alles, was wir sein können, aber wir Sterblichen können wählen, was in diesem Rahmen tatsächlich aus uns wird. Wenn wir etwas über unsere elementare Energiegruppe und unser spezifisches Seelenzeichen, über unsere Seele, lernen, können wir mehr aus unseren Möglichkeiten machen.

Wo ist unsere Seele?

Die Seele kann überall dort sein, wo sie sein muss. Sie wohnt im tiefsten Kern unseres Seins und kann das Herz, die Lunge, die Nieren oder die Blase werden, wenn eines dieser Organe einen spirituellen Energieschub braucht. Wenn wir eine körperliche Erkrankung haben – einen Herzinfarkt, eine Lungenentzündung, was auch immer –, geht unsere Seele in den betroffenen Bereich und gibt ihm Kraft, Licht und Heilung. Dabei erreicht sie oft Erstaunliches. Wir nennen das dann ein Wunder oder eine Spontanheilung. Manche Menschen haben in Zeiten extremer emotionaler Anspannung trotzdem das Gefühl, als ob etwas in ihrem Innern sie gleichzeitig beruhigen würde. Das kann der Weltgeist sein, eine Präsenz außerhalb von uns, es könnte aber auch unsere eigene Seele sein, die ihre Energie an die Stellen schickt, die Heilung brauchen.

Aber unsere Seele ist auch in der Lage, den menschlichen Körper zu verlassen. Sie kann sich so ausdehnen, dass sie die tiefste Schlucht füllt, oder aber auch so klein werden, dass sie durch ein Nadelöhr passt. Sie kann sich aufhalten, wo sie will, und erforschen, was sie will.

Bei den meisten Menschen bleibt die Seele im Körper, solange wir wach und bewusst sind; wenn wir, das heißt unser physischer Körper, jedoch schlafen, nimmt sich die Seele sozusagen »frei«. Astralreisen, Traumvisionen und außerkörperliche Erfahrungen sind Beispiele für den Forscherdrang der Seele. Reisen durch Zeit und Raum, Besuche in der geistigen Welt finden im ätherischen, dem geistigen Körper statt, der die gleiche Größe und Form wie der physische Körper hat. Die Seele ist ein selbständiges Wesen, sie lebt und atmet, hat einen Verstand und einen eigenen Willen.

Obwohl sie herumreisen kann, wo sie will, bleibt die Seele doch immer durch einen dünnen Faden mit unserem physischen Körper verbunden, bis dieser Faden reißt – dann, wenn wir nicht mehr auf dieser Erde sind.

Wir als Seelen haben uns diese Erdenerfahrung ausgesucht. Diejenigen, deren Leben hart und schwierig ist, mögen das vielleicht nicht glauben. Warum sollte man sich so etwas aussuchen? Es gibt jedoch einen einfachen Grund dafür: Lernen, Wachstum, Wissen. Und warum das? Wieder ist die Antwort simpel: Unsere Seelen müssen sich entwickeln, sonst verkümmern sie und sterben, und deshalb ist unsere irdische Erfahrung unsere Schule, unsere Gelegenheit, mit unbegrenztem Potenzial zu lernen und zu wachsen.

In der griechischen Mythologie verliebte sich der Jüngling Narziss in sein eigenes Spiegelbild, und die Götter verwandelten ihn in eine Blume, damit er sich für immer in der Wasseroberfläche spiegeln konnte. Wenn wir unser Seelenzeichen erkennen, sind wir wie Narziss in der Lage, das Spiegelbild unserer Seele zu betrachten, zu reflektieren, wer und was wir sind, und was aus uns während unserer Erdenerfahrung werden könnte.

So ist unsere Seele, wie eine Blumenzwiebel. Die Seele kommt von zahlreichen Orten im Universum über Wartestationen und Transportfelder sicher an ihr gewähltes Ziel, voller

Kraft und bereit für ihr neues Leben. Die Wurzeln der Seele, der Teil, der sie nährt, breiten sich tief im physischen Körper aus. Nahrung für die Seele sind unsere Lebenserfahrungen, sie dringen sozusagen in die Zwiebel, und die Blüte entwickelt sich.

Wenn wir dies erst einmal verstanden haben, wollen wir natürlich wissen, wie wir unsere Seele nähren können, damit sie zu ihrem vollen Potenzial erblühen kann. Was müssen wir tun, und was bedeutet das Wachstum unserer Seele überhaupt? Bedeutet es, dass wir bessere Menschen werden müssen, mehr für andere tun sollen, spiritueller werden müssen? Natürlich habe ich das alles ausprobiert und habe dabei, wie so viele von Ihnen, Erfolg und Misserfolg erlebt, und oft bin ich mir vorgekommen wie ein Blinder, der sich ohne Stock den Weg ertasten muss.

Das Wachstum unserer Seele – je mehr ich über die Seelenzeichen erfuhr, desto klarer wurde mir dieser Begriff. Ich, meine Seele, muss Erfüllung und Selbsterkenntnis finden. Ich muss meine Energie ausdehnen, offen sein für alles und lernen, keine Angst zu haben. Dann werde ich wachsen und gedeihen, wie die Blumenzwiebel, die gehegt und gepflegt wird.

Seelenzeichen. Ich öffnete mich, und das lehrte mich Grauer Adler. Die Schülerin war bereit, der Lehrer begann.

»Du bist eine Krieger Seele, im Universum vor langer, langer Zeit geboren, geboren noch bevor du auf diese Erde kamst. Auch ich bin eine Krieger Seele, im Universum vor noch längerer Zeit geboren. Ich bin eine reifere, stärker gewachsene Seele als du, aber trotzdem bin ich eine Krieger Seele mit allen Charakterzügen, die eine Krieger Seele hat.«

Einen Moment lang war ich von Stolz erfüllt. Eine Krieger Seele, wie großartig, wie unglaublich ... oder? Es kam mir jedenfalls so vor, und deshalb dauerte es eine Zeit lang, bis ich fragte: »Und was ist eine Krieger Seele?«

Während ich mich auf diesen neuen Weg begab und mich bemühte, alles zu verstehen, fragte ich natürlich auch nach meiner Tochter. War Samantha Jane auch eine Krieger Seele? Grauer Adler erwiderte, nein, sie sei anders als ich, eine andere Blumenzwiebel, eine andere Blüte und aus anderen Gründen als ich hier auf dieser Welt und dazu bestimmt, ganz anders zu blühen. Das war für mich leicht zu verstehen, denn obwohl wir uns in vieler Hinsicht sehr ähnlich sind, gibt es zwischen meiner Tochter und mir auch große Unterschiede. Meine nächste Frage an Grauer Adler war: »Wenn Samantha anders ist als ich, bedeutet das dann, dass wir alle unterschiedlich sind? Und wenn das so ist, worin liegt der Unterschied?«

Bald erfuhr ich von den fünf Elementen, den fünf unterschiedlichen Energiequellen. Und, dass es insgesamt dreizehn Seelenzeichen gibt. Zu dieser Zeit lernte ich auch etwas über Seelencluster. »Ihr seid alle Teil eines Seelenclusters«, hörte ich Grauer Adler sagen. »Alle Seelen, die eine Lebenserfahrung auf der Erde haben, gehören zum gleichen Cluster. Sie ähneln einander in vieler Hinsicht und sind doch auch alle verschieden. So ist es, und so bist du.«

Ich verstehe zwar nicht allzu viel von Astronomie, weiß jedoch ein bisschen etwas über Sternencluster, Ansammlungen von Sternen, die nahe beieinander stehen und sich in bestimmten Charakteristika ähneln, was auf einen gemeinsamen Ursprung schließen lässt. Alle Sterne in einem Cluster bewegen sich mit der gleichen Geschwindigkeit und in die gleiche Richtung. Bekannte Sternenanhäufungen sind zum Beispiel das Siebengestirn in der Milchstraße, die Hyaden und die Plejaden. Die meisten von uns haben sie schon einmal gesehen.

Ein Sternencluster ist also eine Gruppe von Sternen, in der jeder Stern zumindest eine Gemeinsamkeit mit den anderen aufweist und in der sich alle Sterne mit der gleichen Geschwindigkeit und in die gleiche Richtung bewegen.

Aber was hat das mit uns zu tun? Was genau ist ein Seelencluster?

Nun, die Seelen hier auf der Erde, wir Sterblichen, sind uns in vieler Hinsicht ähnlich, auch wenn es eher danach aussieht, als bewegten wir uns mit unterschiedlicher Geschwindigkeit und gingen in verschiedene Richtungen – aber das macht das Menschsein ja so aufregend. Und Grauer Adler sagte mir, unser Planet Erde sei es, der sich immer mit der gleichen Geschwindigkeit natürlich in immer dieselbe Richtung bewegt – und wir mit ihm. Und er berichtete mir außerdem, dass es im Universum viele, viele Seelencluster gibt, die Erfahrungen an anderen Orten als der Erde machen. Für uns Sterbliche jedoch besteht unser Seelencluster aus fünf Gruppen, fünf Hauptenergiequellen und insgesamt dreizehn verschiedenen Arten von Seelen.

Jede Seele ist aus dem gleichen Grund hier – sie ist auf Entdeckungsreise. Und auf dieser Entdeckungsreise vernachlässigen wir oft unsere spirituelle Natur und unsere spirituellen Bedürfnisse. Technologie und Wissenschaft, eine neue, unglaublich aufregende Welt voller greifbarer Dinge, sie sind an die Stelle des Unsichtbaren getreten. Voller Entzücken und Faszination haben wir nur noch das Sichtbare gesehen und auf das Unsichtbare nicht mehr geachtet. Wir lernten, immer mehr zu wollen, und die Seele und der Geist wurden darüber unwichtig, wie in dem alten Sprichwort »Aus den Augen, aus dem Sinn«.

Viele von uns erinnern sich nur noch in Augenblicken der Verzweiflung, der Verwirrung oder des Verlusts an Gott. Nur in diesen tragischen oder traumatischen Momenten sind wir lange genug still, um das leise Rufen unseres inneren Geistes zu hören, und nur in diesen Momenten fühlen wir den beständigen Schmerz unserer vernachlässigten Seele.

Unsere Erde aber gerät mehr und mehr aus den Fugen. Das spektakuläre Feuerwerk, das der menschliche Erfindungsgeist dank Wissenschaft und Technologie entzündet hat und das wir jahrelang bestaunt haben, verwandelt sich in einen Feuer speienden Drachen, der droht, uns zu verschlingen und genau das zu zerstören, was wir am meisten schätzen: das Leben auf der Erde und den Fortschritt.

In den alten Tagen, in den Tagen der Trolle und Märchengestalten, gab es immer einen Helden, der sich aufmachte, um den Drachen zu erschlagen. Leider ist der Drache unserer modernen Zeit nicht nur ein einziges Geschöpf, es ist die Gesamtheit der menschlichen Rasse, die nicht genug bekommt. Selbst der Demütigste unter uns wird von den Verlockungen in Versuchung geführt, und selbst der Spirituellste unter uns ist empfänglich für Verführung, denn unser gemeinsamer Charakterzug, unsere Verbindung, besteht schließlich darin, dass wir nur Menschen sind und somit fehlbar.

Und weiter dreht sich die Welt, verändert sich, und wir verändern uns mit ihr. Ich spüre es, und ich vertraue meinen Gefühlen. Ich glaube es, und ich vertraue meinem Glauben. Beim Schreiben blicke ich zu Grauer Adler, und seine Augen sagen mir, dass ich Recht habe. Unsere Welt wird nicht untergehen, nur die Welt, wie wir sie kennen. Die Veränderung dauert schon einige Zeit an, und viele Menschen haben begriffen, dass wir unser Verhalten ändern müssen, wenn wir die Welt und uns erhalten wollen. Und mit Freude stelle ich fest, dass viele Menschen den wahren Wert unseres Geistes, unserer Seele, wieder wahrnehmen.

Der Drache, den die menschliche Rasse erschaffen hat, wird nicht erschlagen werden. Das ist auch nicht nötig. Wir brauchen Wissenschaft und Technologie; wir alle haben unseren Nutzen davon, wenn sie gut und sinnvoll eingesetzt werden. Aber wir müssen die Gefahren für unsere Gesellschaft im Auge behalten, und jeder von uns muss Verantwortung für unsere Umwelt übernehmen. Gemeinsam können wir, die wir um die Macht der Seelen wissen, das Feuer des Drachen löschen.

Also, was ist die Seele, wo ist sie? Damit kommen wir wieder zurück zum Anfang, zu der Frage, die wir als erste gestellt haben.

Unsere Seele ist ähnlich wie eine Narzissenzwiebel. Die Wurzeln ragen tief in die Erde, tief in unseren innersten Kern und suchen nach Nahrung. Wenn das Klima und die Wachstumsbedingungen stimmen, dann gedeiht die Seele. Wenn jedoch aufgrund schlechter Taten, Gedanken und Handlungen die Nahrung schlecht ist, dann schrumpft die Seele und bringt entweder nur eine kleine, jämmerliche Blüte hervor, oder sie blüht überhaupt nicht.

Halten Sie sich noch einmal die leuchtend gelbe Narzisse als Beispiel vor Augen. Aufrecht und prächtig steht sie zwischen ihren Artgenossen, denn Sie werden selten eine einzelne Narzisse finden.

Ich erinnere mich noch lebhaft an den Garten des Hauses, in dem ich aufgewachsen bin. Mein Vater war ein begeisterter Gärtner, und er pflanzte vor allem alte, englische Blumen in seinem Garten, Pfingstrosen, Fingerhut, Rosen natürlich, Mohn und Maßliebchen, Iris und Rittersporn, und was es noch so alles gibt. Der Frühling war die schönste Jahreszeit. Zahllose Narzissen ... und während ich dies schreibe, nimmt mich meine Seele mit in die Zeit, als ich noch jung und voller Hoffnung war.

Ich trat durch das kleine Gartentor, ging vier Stufen hinunter und den schmalen Pfad am Haus entlang, bis zum großen Tor. Ich schob den Riegel auf ... und war im Wunderland. Die graue Welt lag weit hinter mir, und ich war in einem goldenen

Garten, in dem sich unzählige Narzissen im Wind wiegten, wie die goldenen Wogen eines Meeres. Jedes Frühjahr empfand ich das gleiche Wunder. Die Zeit stand still, es war wie Magie.

Wenn ich an diese Augenblicke meiner Kindheit denke, frage ich mich unwillkürlich: Hat meine Seele schon damals versucht, mir etwas zu sagen? Habe ich es gehört? Habe ich den Herzschlag meiner Seele vernommen? Ich weiß es nicht, ich kann mich einfach nicht erinnern. Woran ich mich jedoch erinnern kann, ist, wie sehr mich der Zauber der unzähligen Narzissen berührte und mich heute noch berührt.

Wie die Narzissenzwiebel strebt die Seele danach zu blühen. Und die Blüte der Seele, die daraus resultierende Energie, nennen wir den Geist, unseren Geist. Wenn wir unsere Seele richtig ernähren, besteht ihre Aura oder ihr Energiefeld aus strahlendem, gelbem Licht. Je mehr gute Nahrung und Aufmerksamkeit die Seele erhält, desto heller und größer wird ihre Aura, ihre Blüte. Wie bei den Narzissen endet der Zyklus nie; selbst wenn das Leben auf der Erde vorbei ist, geht doch der Zyklus des Lebens immer weiter.

Jetzt hat die Seele für uns Gestalt angenommen – die Gestalt einer besonderen, seltenen Blumenzwiebel. Und wir sollten sie als unser wichtigstes, kostbarstes Geschenk behandeln. Stellen Sie sich vor, wie Sie eine Blumenzwiebel in lockeren, fruchtbaren Boden pflanzen und dafür sorgen, dass sie an einem geeigneten Ort steht. Ernähren Sie sie nicht mit Gift, bösen Gedanken oder negativen Handlungen, sondern geben Sie ihr nur die Nahrung, die ihr bekommt: Freundlichkeit, Sanftheit und Liebe. Seien Sie ein guter Gärtner und hegen und pflegen Sie Ihre Zwiebel, damit sie blühen und gedeihen kann.

In den nächsten Kapiteln werden wir mehr über unsere Energiegruppen und unsere Seelenzeichen erfahren, und wir werden lernen, uns selbst zu erkennen. Wir werden mehr über die Narzisse erfahren und darüber, wie ähnlich sie uns und unserer Seele ist. Und wir werden wissen, dass jeder von uns, jede Seele, zwar einzigartig und individuell ist, dass wir jedoch ein ganzes Cluster von Seelen darstellen, vereint durch unsere gemeinsamen Bedürfnisse und niemals allein. Was wir doch für einen wunderschönen Garten bilden! Jeder von uns eine Blume, eine Blume in einem Garten der Seelen.

WIE ALLE GUTEN GÄRTNER WISSEN …

Das Wachstum der Seele und ihr Ringen um Wissen kann sich schwierig gestalten, da der Lernprozess der Seele von vielen Dingen abhängt.

Wie die Narzissenzwiebel, die strengen Frost braucht, um zu keimen, braucht auch die Seele Frost, eine traumatische Erfahrung oder Tragödie, um reifen zu können.

Reife hat nicht zwangsläufig etwas mit intellektuellem Wissen zu tun, es ist jedoch ganz wesentlich, wie wir unser Wissen anwenden. Deshalb ist es wichtig, dass wir vor unserer Geburt hier auf dieser Erde in die richtige Umgebung für unsere irdische Erfahrung gesetzt werden, damit wir den größten Nutzen aus dieser Erfahrung ziehen können.

Schon vor unserer Geburt wird festgelegt, wo wir geboren werden, wem wir geboren werden und wie wir geboren werden. All dies ist äußerst wichtig für unser Wachstumspotenzial. Jede dieser Entscheidungen wird sorgfältig von der Höheren Macht, von Gott, unseren Engeln und geistigen Führern getroffen, damit wir die beste Chance haben, unser Potenzial, einen gewissen Grad an Wachstum, Erfüllung und Erleuchtung, zu entfalten. Während unserer Zeit auf der Erde bekommen wir viele Werkzeuge an die Hand, um dieses Ziel zu erreichen.

Wie alle guten Gärtner wissen, muss man den Boden sorgfältig vorbereiten, wenn eine Pflanze gedeihen soll. Gott, der beste aller Gärtner, hat ein Interesse daran, die Blumen in seinem Garten der Seelen aufs Prächtigste blühen zu sehen. Er ist immer um uns, und wir müssen nur erkennen, dass alles, was wir im Leben brauchen, direkt vor uns liegt.

Wenn wir Seelen vor unserer irdischen Geburt unsere Bedürfnisse, Wünsche und Ziele abwägen, tun wir dies nicht allein, sondern unter der Anleitung zahlreicher anderer, reiferer Seelen, unserer Lehrer, Führer und Engel, die uns helfen, die richtige Wahl zu treffen. Die letzte Entscheidung jedoch liegt bei uns.

Und so wählen einige vielleicht die Erfahrung einer heilen Familie, liebevoller Eltern und einer guten Erziehung. Manche Seelen entscheiden sich vielleicht für das genaue Gegenteil, für schwierige und traumatische Erfahrungen, die sie an die Grenzen ihrer Fähigkeiten bringen. Aber ganz gleich, welche Wahl wir treffen, es geht immer darum, dass unsere Seele reifer wird. Wir streben nach Erleuchtung. Das ist unser Ziel, und selbst die Seelen, die schon reif zur Welt kommen, wählen vielleicht bewusst eine schwierige Umgebung, um sich noch weiter zu entwickeln.

Viele Seelen haben ihr Ziel nur teilweise erreicht, wenn sie die Erde wieder verlassen. Einige haben vielleicht sogar fast gar nichts von ihren Zielen umgesetzt. Andere hingegen haben vielleicht mehr erreicht, als sie erhofft hatten.

Es spielt also eine Rolle, wo und wie wir geboren werden und in welche Familie. Wichtig ist auch, welche Seelenzeichen unsere Eltern, unsere Geschwister, unsere Tanten und Onkel sind. Welche Seelenzeichen, welche Naturkräfte umgeben uns? Wie werden sie uns beeinflussen? Inwieweit lassen wir uns beeinflussen? Und wie beeinflussen wir sie? Welche unserer positiven und negativen Charakterzüge bilden sich am stärksten aus, während wir heranwachsen?

Wenn ein Elternteil böse zu Ihnen ist, wird es immer Ihre Wahl sein, wie Sie darauf reagieren. Unsere Seele weiß das, Sie wissen es, wir alle wissen es. Aber da wir den Kontakt mit der Wahrheit unseres Ziels verloren haben, verwirren und beunruhigen uns die schwierigen Umstände unseres Lebens. Erkennen Sie jedoch, dass Sie ein Ziel haben, das vor der Geburt bereits ausgesucht wurde, dann haben Sie die Macht, aus Ihrem Leben das Beste zu machen. Auszuprobieren, wann Ihre Seele spricht, wo die Entscheidungen Ihrer Seele beginnen und enden und wo die Auswirkungen Ihrer Umgebung beginnen und enden, kann sehr faszinierend sein. Wenn Sie Ihre Energiegruppe und Ihr Seelenzeichen bestimmen, werden Sie die Unterscheidung zu anderen als Herausforderung betrachten. Dies ist ein wichtiger Teil des Prozesses, sich selbst kennen zu lernen. Festzustellen, welche Seelenzeichen andere Menschen sind und wie sich die Welt auf ihre Persönlichkeit auswirkt, wird Sie Mitgefühl und Empathie lehren. Und das neue Bewusstsein hat die Macht, Ihnen eine ganz neue Welt zu eröffnen.

In der Kindheit, wenn wir noch unschuldig, offen und leicht beeinflussbar sind, hinterlassen unsere positiven und negativen Erfahrungen Eindrücke, die auch im späteren Leben unsere Reaktionen und Handlungen beeinflussen. Von klein auf jedoch treffen wir schon Entscheidungen. Wir können falsch und richtig auseinander halten. Dank unseres Sehens und Hörens, Fühlens und Denkens bestimmt unsere Seele, welches Verhalten falsch und welches richtig ist, und sagt es uns. Wir fühlen mit dem Bauch was richtig ist, und dann treffen wir unsere Entscheidung. Wir entscheiden uns, wie wir sein wollen oder nicht, welche Charakterzüge wir positiv ausbilden wollen und welche nicht.

Manche Menschen sind der Ansicht, böses Verhalten könne entschuldigt werden, wenn eine Person es nicht besser wisse oder anders kenne. Viele Menschen, die als Kind missbraucht wurden, missbrauchen auch wieder ihre eigenen Kinder. Aber Kinder wissen, was falsch und richtig ist. Und als Erwachsene wissen wir es auch.

Wenn ein Kind missbraucht wird, weiß es schon während es geschieht, dass das falsch ist. Ich wusste es. Ich wurde missbraucht. Wenn ein Kind unfair behandelt wird, weiß es, dass daran etwas falsch ist. Ich wusste es. Ich wurde unfair behandelt. Und wenn ein Kind mit Liebe und Zuneigung behandelt wird, weiß es, dass das richtig so ist. Ich wusste es. Ich sah, dass andere Kinder liebevoll von ihren Eltern behandelt wurden. Meine Seele weinte und sagte es mir.

Wir treffen unsere Entscheidungen und wir sind auch verantwortlich dafür.

Wut, Verletzung, Schmerz, Demütigung, Furcht, Entsetzen, Verwirrung – all das sind Emotionen, die wir wählen. Halten wir an unserer Wut, unserem Schmerz, unserer Demütigung fest, oder bemühen wir uns, unsere Situation zu verändern, damit wir wieder positiver denken und fühlen können?

Ich war ungefähr vierundzwanzig Jahre alt, als ich eines Tages in den Garten des Hauses trat, in dem ich aufgewachsen war, und ein kleines Kind an der Hintertür des Hauses angstvoll schluchzen hörte. Mir war, als hätte mir jemand in den Magen geboxt, und einen flüchtigen Moment lang war ich das Mädchen, das dort weinend vor Angst stand.

Plötzlich flog die Tür auf, und meine Schwester und meine Mutter nannten das Kind lachend eine Heulsuse und schütteten einen Eimer mit kaltem Wasser über ihm aus. Dann sanken sie sich hysterisch kichernd in die Arme, während das Kind laut schrie und nach Luft rang.

Ich nahm das Kind in die Arme und fragte ruhig: »Was in Gottes Namen tut ihr da?« Schuldbewusstsein, Wut, Empörung – all diese Emotionen huschten über das Gesicht meiner Mutter. Sie war erwischt worden, und das gefiel ihr nicht. In den Augen meiner Schwester sah ich Scham, nur Scham, denn sie wusste, dass sie etwas Falsches getan hatte. Um ihrer Mutter, nach deren Liebe und Zustimmung sie sich sehnte wie wir alle, zu gefallen, hatte sie es ihr gleich getan und ihr eigenes Kind verraten. Aber sie wusste, dass es falsch war, und dass letztlich sie selber die Entscheidung getroffen hatte, das Spiel mitzuspielen.

Tausend gute Gründe ergeben keine einzige Entschuldigung für böses Verhalten. Natürlich prägt uns unsere Umgebung, und unsere Kindheitserfahrungen beeinflussen unsere Verhaltensmuster. Die Energie in uns jedoch, die Kraft, die wir haben, die Charakterzüge unserer Seele, wie wir unsere Kraft gebrauchen und wie wir unsere Charakterzüge entwickeln und üben – das macht uns zu dem, was wir wirklich sind.

Meine Schwester zog von meiner Mutter weg, und als der starke, negative Einfluss meiner Mutter geringer wurde, begann sich ihre wahre Natur, die wunderbaren Charakterzüge ihrer Prophet Seele, zu entwickeln. Sie hatte immer schon die Wahl, nicht aber die Kraft gehabt, ihre Natur auf die beste Art und Weise auszuleben.

Denken Sie daran: Jeder von uns ist eine Blume, eine kleine Blume in einem Garten, den uns Gott ausgesucht hat, umgeben von anderen Blumen. Die meisten von uns sind wie die Narzisse. Von den dreizehn Seelenzeichen sind zwölf golden leuchtende Blumen, das dreizehnte Seelenzeichen jedoch ist eine dunkle Blume, die nach dem Bösen strebt.

Rückblickend finden die meisten von uns es leicht, ihre Fehler einzusehen. Schwierig ist es jedoch, auch wirklich die nötigen Korrekturen vorzunehmen. Und wie alle guten Gärtner wissen, entsteht ein schöner Garten nur durch ständiges Ausprobieren und viel harte Arbeit.

TEIL II:

ENERGIEGRUPPEN

DIE FÜNF ENERGIEGRUPPEN

Es macht Spaß, unsere Energiegruppe und unser Seelenzeichen und die Seelenzeichen von Familie und Freunden herauszufinden, und es ist noch dazu nützlich. Wir lernen dabei nämlich, wer zu wem passt und welche Seelentypen eine wirkliche Verbindung miteinander eingehen können und welche nicht. Wir verstehen, wo unterschiedliche Persönlichkeiten aufeinander prallen und wo enge Freundschaften entstehen können. Lassen Sie uns zunächst einmal genau betrachten, wie unser Seelencluster in verschiedene Energiegruppen aufgeteilt ist. Im Universum gibt es zahlreiche Energiequellen, aus denen Wesen entstehen, aber die Seelen, die für irdische Wesen bestimmt sind – manchmal nur ganz kurz, wie im Fall eines ungeborenen Fötus oder bei einer Totgeburt – stammen aus einer der fünf elementaren Energiequellen der Erde.

Wir wollen jetzt diese fünf einmal genauer betrachten. Vielleicht können Sie ja jetzt schon erkennen, welche die »Ihre« ist.

Die Menschen, deren Seele aus der Energie des Feuers geschaffen wurde, sind Individuen, die von ihren Emotionen angetrieben werden. Beeinflusst von einer starken und manchmal schwer zu kontrollierenden Energie ist die Person, die aus Feuer geboren wurde, wahrscheinlich starrköpfig und wenig kompromissbereit, aber auch leidenschaftlich, faszinierend, kreativ und herausfordernd. *Die Feuerenergiegruppe der Seelen ist angetrieben von und handelt durch ihre Emotionen.*

Unsere zweite Gruppe, erschaffen aus der Energie der Erde, ist von einer starken, allerdings manchmal unter der Oberfläche verborgenen Energie beeinflusst. Erdenergie bringt ein Individuum hervor, das manchmal von anderen missverstanden und unterschätzt wird, das jedoch auch in Situationen größter Angst Rat weiß und vor allem handelt. *Die Erdenergiegruppe der Seelen ist angetrieben von und handelt durch Planung und Strategie.*

In der dritten Gruppe, die aus der Luftenergie geschaffen wird, haben wir es mit Individuen zu tun, die von einer scheinbar so unauffälligen Energie beeinflusst werden, dass man sie gar nicht bemerkt. Eine zwar starke, aber stille Energie, ruhig und sanft, die Persönlichkeiten hervorbringt, die heiter gelassen, allerdings auch ein wenig passiv oder passiv-aggressiv sind und das Bedürfnis haben zu gefallen. *Die Luftenergiegruppe ist angetrieben von und handelt durch Frustration und Unterdrückung.*

In Gruppe vier, geschaffen aus der Energie des Wassers, finden wir Menschen mit einem starken Sinn für Fairness und mit der Fähigkeit zu Kompromissen; sie streben nach Frieden und Harmonie und möchten, dass alle glücklich sind. *Die Wasserenergiegruppe ist angetrieben von und handelt durch Abwägen und Kompromiss.*

Unsere fünfte und letzte Gruppe, geschaffen aus der Energie von Schwefel, ist die Dunkle Seele. Im Gegensatz zu den anderen vier Gruppen, von denen jede drei deutlich unterscheidbare Seelenzeichen hervorbringt, hat die Dunkle Seele nur ein einziges Zeichen, obwohl es drei verschiedene Grade dieser Energie gibt. Diese Seele gibt Energie ohne Licht ab und hat mit Gott nichts zu tun. Sie wird vom Bösen angetrieben und nährt sich aus Schmerz, Angst und Zerstörung. *Die Schwe-*

felenergiegruppe ist angetrieben von und handelt durch den Wunsch zu vernichten.

Die meisten von uns gehören den ersten vier Gruppen an, und darüber wollen wir auch sofort mehr wissen. Die fünfte Gruppe jagt uns Angst ein, am liebsten würden wir sie ignorieren. Aber das können wir nicht. Gibt es denn wirklich solche Seelen? Ja, sie gehören zu unserem Seelencluster und haben Einfluss auf uns alle, deshalb müssen wir sie hier auch berücksichtigen. Zu einem Seelencluster zu gehören, bedeutet, dass jeder von uns einen oder mehrere Züge auch der anderen Seelen aufweist, und so haben wir auch mit der Dunklen Seele etwas gemeinsam. Aber was?

Böse Absichten anderen gegenüber? Selbst die spirituellsten Menschen sind dazu fähig. Gehässigkeit? Ich zucke zusammen, wenn ich dieses Wort höre. Zwar gebe ich es nicht gerne zu, aber selbst die Sanftesten können zuweilen gehässig sein. Von mir weiß ich das jedenfalls, und es gehen mir ein paar schmerzliche Erinnerungen durch den Kopf.

In der Grundschule gab es in meiner Klasse ein Mädchen, das ich nicht besonders gut leiden konnte. Ich kann mich an ihren Namen nicht mehr erinnern, weiß aber noch ganz genau, wie sie aussah.

Ich hatte einen Freund, der Anthony Booth hieß, und wir liebten einander, wie sich nur Sechs- und Siebenjährige lieben können. Er war mein Ritter in schimmernder Rüstung und beschützte mich, bis er mit zwölf (ich war damals elf) wegzog und die Schule wechselte.

Anthony Booth war mir immer treu, sah nie ein anderes Mädchen an und teilte seine Lakritzschnecken nur mit mir. Von Zeit zu Zeit stibitzte er sie seiner Mutter aus dem Schrank im Wohnzimmer. Immer nur zwei. Eine für ihn, eine für mich.

Das Mädchen, das ich mit jedem Tag weniger leiden konnte, mochte Anthony Booth auch und flirtete bei jeder Gelegenheit mit ihm, wobei sie mir zugleich erzählte, dass sie eines Tages seine Freundin sein würde, und nicht ich.

Sie hatte lange, lockige rote Haare und prahlte damit, dass ihre Mutter sie jeden Abend auf Lockenwickler drehte. Mit ihren leuchtenden Haaren, ihren hübschen Kleidern und ihren schwarzen Lederschuhen kam sie in die Schule und versuchte mir meinen Freund zu stehlen.

Hegte ich böse Absichten gegen sie? Darauf können Sie wetten. Ich empfand Hass und Eifersucht. Ich fühlte mich klein und unzulänglich – meine erste Erinnerung an solche Gefühle, und leider nicht die letzte.

Wäre ich ein Feuerzeichen gewesen, getrieben von meinen Emotionen, hätte ich vielleicht gehandelt und sie in meiner Wut verprügelt. Als Erdzeichen jedoch hatte ich es noch nicht gewagt, meine wahre Natur, die des Kriegers, anzuerkennen. Aber ich sollte es noch lernen – ich lernte, wie ich am wirkungsvollsten zurückschlagen konnte, wie ich jene dunkle Energie in mir, diesen kleinen dunklen Teil meiner Seele nutzen konnte, um mich zu wehren, wenn jemand mich oder mein Kind verletzte.

Eine andere Erinnerung … Meine beste Freundin hatte eine Affäre mit meinem Mann. Es ist unnötig, ins Detail zu gehen, dazu ist die Geschichte zu schäbig. Im Anfang war ich zu verletzt und fühlte mich zu sehr verraten, mehr von ihr als von ihm, um überhaupt etwas zu tun. Ihr Mann rief mich an und fragte mich, ob es wahr sei. Ich sagte nein, weil ich das Gefühl hatte, es reichte, dass eine Ehe zerstört worden war. Ich sah keinen Anlass, ihn auch noch zu verletzen.

Die Zeit verging, mein Mann kam zu mir zurück, und wir nahmen, so gut es ging, unser Leben wieder auf. Aber jeden Tag, wenn ich meine Tochter von der Schule abholte, war auch *sie* da. Ich blieb im Auto sitzen und beobachtete, wie sie mit den anderen Müttern lachte und plauderte. Sie empfand weder

Scham noch Schuld und fühlte sich wohl auch nicht so offensichtlich gedemütigt wie ich.

Es dauerte Wochen, bis ich begann zu planen, Strategien zu entwerfen und mir zu überlegen, wie ich es ihr am besten heimzahlen könnte. Ich stellte mir vor, ich würde sie mit dem Auto überfahren, und ein oder zwei Mal war ich sogar kurz davor. Irgendetwas hielt mich Gott sei Dank zurück, aber ich hatte mich aufs Schlachtfeld begeben, und wenn ich wirklich mein Schwert ziehen würde, würde auch Blut fließen. Also wartete ich weiter, plante und beobachtete sie.

Und dann stieg ich eines Tages aus dem Auto, anstatt mich verlegen und beschämt dort zu verstecken, und marschierte zum Schultor. Sie sah mich kommen, und ich sah die Angst auf ihrem Gesicht. Das tröstete mich und gab mir Selbstbewusstsein. Ich stellte mich hinter sie, so dicht, dass sie meinen Atem im Nacken spürte, und klimperte mit meinen Schlüsseln. Sie sollte wissen, dass ich sie verfolgen würde.

Tag für Tag, Woche für Woche, stellte ich mich überall, wo ich sie sah, hinter sie und klimperte mit meinem Schlüsselbund. Jedes Mal jagte ich ihr Angst ein; ich konnte buchstäblich spüren, wie sie sich fürchtete, und sie spürte meine Stärke und meinen Hass. Sie sollte genauso leiden, wie ich gelitten hatte. Wusste ich, dass es falsch war, was ich tat? Ja. Machte es mir etwas aus? Nein. Erst viel später schämte ich mich deswegen, und wenn ich ehrlich bin, auch nur ein bisschen.

Es gibt noch andere Geschichten, weitere Beispiele, die ich erzählen könnte, von Zeiten, in denen ich verletzen und austeilen wollte, aber tausend gute Gründe ergeben keine einzige Entschuldigung. Dieses starke Bedürfnis jedoch, jemandem Leid zuzufügen, ist unser gemeinsames Band mit der Dunklen Seele.

In der Kindheit ist das, was wir aus Hass oder Neid begehen, meist begrenzt. Als Erwachsene jedoch können wir jede

Grenze überschreiten – wenn wir es wollen. Und jeder von uns trägt diesen Charakterzug in sich, mehr oder weniger ausgeprägt.

Obwohl ich also im Allgemeinen nicht besonders gehässig, neidisch oder eifersüchtig bin, bin ich unter gewissen Umständen dieser Gefühle doch fähig. Wir alle sind es. Und wenn wir sie zulassen, und sei es auch nur kurz, wird ein kleiner Teil unserer Seele dunkel.

Das Großartige an der Seele ist jedoch ihre Widerstandsfähigkeit. Solange sie nur ein bisschen Nahrung und Wasser bekommt, Aufmerksamkeit und Fürsorge, überlebt sie. Der Schaden, den wir ihr durch Vernachlässigung, negatives Denken, Bosheit oder einfach nur Ignoranz zufügen, kann behoben werden. Je mehr gute Nahrung wir der Seele geben, desto größer und prächtiger wird ihre Blüte.

Wir alle wollen blühen, stark und strahlend schön sein, wie die Narzisse. Wir alle wollen wachsen und ein gutes Leben führen. Deshalb sind wir hier. Manche geben sich mehr Mühe als andere, andere wissen nicht, wie sie es anfangen sollen. Zu wissen, in welche Energiegruppe man gehört, ist ein Anfang, weil wir dadurch besser verstehen, warum wir so und nicht anders denken, fühlen, agieren und reagieren.

ES IST ELEMENTAR

Die Kräfte der Natur sind ständig am Werk. Von der kleinsten, zartesten Pflanze, die sich ihren Weg durch harte Erde bohrt, bis hin zum Vulkan, der jahrelang ruht und dann auf einmal ausbricht. Das sind die Kräfte der Natur, die wir direkt wahrnehmen, aber vieles beachten wir nicht. Unser Planet dreht sich, Wolken bilden sich, die Sonne strahlt, auch wenn wir auf der Erde Nacht haben.

Erdbeben, Tornados, Hurrikans, all diese Ereignisse produzieren greifbare, ja zerstörerische Ergebnisse. Die Energie, die in unserem Seelencluster waltet, ist nicht so offensichtlich, aber genauso kraftvoll, da wir von genau den gleichen Naturgewalten, denselben kraftvollen Elementen angetrieben werden: Feuer, Erde, Luft, Wasser und Schwefel.

Zu welchem Element gehören Sie?

Wenn Sie sich die Beschreibungen jeder Gruppe anschauen, kommt es Ihnen vielleicht so vor, als passten sie zu mehr als einem Element. Als ich zum ersten Mal etwas über das Erdzeichen vernahm, wusste ich, dass ich dorthin gehörte. Dann hörte ich vom Wasserzeichen, und auch das schien auch auf mich zu passen. Da Erd- und Wasserzeichen vieles gemeinsam haben, beide dazu neigen, Situationen abzuwägen, sich zurückzuhalten, die Dinge ruhig und emotionslos anzugehen, war meine Verwirrung keine Überraschung. Beides schien zu passen, und trotzdem gibt es wesentliche Unterschiede. Der Einfluss von Erdenergie bewirkt, dass nach allem Planen und Abschätzen auch eine Handlung erfolgt. Bei Wasser jedoch ist es anders. Ja, natürlich, auch diese Zeichen planen und entwerfen Strategien, aber daraus entsteht nicht zwangsläufig eine Handlung, wenn man einmal vom Kompromiss absieht. Und wenn man immer wieder abschätzt, wie es unsere Wasserzeichen gerne tun, dann endet das häufiger in Nichthandeln als in Handeln. Erdzeichen sind proaktiv, sie müssen handeln. Wasserzeichen hingegen nicht. Und noch etwas lässt mich als Wasserzeichen ausscheiden: Ich bin zwar oft zu Kompromissen bereit, es ist aber nicht meine Natur – ich muss sehr daran arbeiten! Mit anderen Worten: Mein Bedürfnis zu planen *und* zu agieren weist mich ganz klar als Erdzeichen aus.

Eine meiner Schülerinnen dachte zuerst, sie sei ein Luftzeichen, da sie sich selber für passiv und fügsam hält. Als ich ihr jedoch das Feuerzeichen beschrieb, kam ihr auch das bekannt vor. Was war sie aber denn nun wirklich? Vielleicht ein bisschen von beidem? Ja, sicher, als Teil des irdischen Seelenclusters haben wir alle ein wenig von jeder Energie in uns. Aber letztendlich stellte meine Schülerin fest, dass die von ihr wahrgenommene Passivität eher unterdrückte Gefühle waren. Durch angelernte Verhaltensweisen hatte sie die Fähigkeit entwickelt, ihre Gefühle zu verdrängen. Das war jedoch ein ständiger Kampf gewesen, da ihre leidenschaftliche Natur immer unter der Oberfläche brodelte. Sie ist definitiv ein Feuerzeichen.

Wir müssen uns anschauen, was uns zum Handeln treibt. Ist es Leidenschaft? Ist es Planung? Ist es Frustration oder Unterdrückung? Ist es das Bedürfnis, Wege zu einem Kompromiss zu finden?

Lassen Sie uns noch einmal die fünf Energiegruppen betrachten, wobei wir dieses Mal ein wenig mehr ins Detail gehen werden.

Feuer. Leidenschaft und Emotion können so offensichtlich wie die hellste Flamme sein, aber auch so unauffällig wie verglühende Kohlen in einem Aschekasten. Laut, knackend, mit Funkenflug oder nach innen gerichtet, leise glimmend, leidenschaftlich, kurz vor dem Ausbruch stehend, erregend, kreativ, manchmal kontrolliert, manchmal nicht. Warmherzig, extrem sensibel, lebhaft, impulsiv, strahlend und leuchtend, mysteriös und launisch oder innerlich brennend vor Inspiration. Beeinflusst von und handelnd durch Emotion.
Sind Sie das?

Erde. Erdzeichen sind Planer und Strategen. Sie stehen mit beiden Beinen auf der Erde, sind realistisch und können rational denken, sind solide und verlässlich, praktisch und vernünftig, haben einen harten Kern und können konkret und objektiv denken. Sie sind einflussreich, zielgerichtet, immer bereit zu handeln, hilfreich und oft voller bahnbrechender, innovativer Ideen. Im Allgemeinen sehr konzentriert und instinktiv.
Sind Sie das?

Luft. Luftzeichen sind passiv, mögen keine Konflikte, sind in der Lage, sich über Unruhen und Angst auf der Welt hinwegzusetzen, außer wenn sie von Luftströmungen mitten hinein getrieben werden, die manchmal, allerdings selten, die Ausmaße eines Tornados annehmen können und ebenso schnell wieder verschwinden, wie sie gekommen sind. Im Allgemeinen sind diese Zeichen unbekümmert, leicht anzuregen, lassen sich treiben, sind leicht und fröhlich, passen sich ohne großes Aufhebens den meisten Situationen und Umständen an, sind offen, vertrauensvoll und freundlich. Sie handeln nur, wenn sie von Frustration getrieben werden oder unter Druck geraten.
Sind Sie das?

Wasser. Wasserzeichen sind Zeichen, die navigieren und umschiffen; entweder treiben sie an der Küste entlang oder sie sind kraftvoll und begeben sich ins tiefe Wasser, was bedeutet, dass tiefe Gefühle und Bedürfnisse sie in bestimmten Situationen überschwemmen können. Sie sind in der Lage, sich anzupassen, sich um Dinge herumzuschlängeln und dem natürlichen Fluss der Energie zu folgen, anstatt sich gegen ihn zu sträuben. Sie sind ständig in Bewegung.
Sind Sie das?

Schwefel. Die letzte Gruppe in unserem Seelencluster ist das Schwefelzeichen, eine schäumende, böse, zornige Energie. Ob verborgen oder offensichtlich, immer brodelt und sprudelt sie, clever und gerissen oder offen gewalttätig und wütend, eine leidenschaftliche, dämonische und, natürlich, verdammte, Kraft.
Sind Sie das?

Mittlerweile sollten Sie eine ungefähre Vorstellung von Ihrer Energiegruppe haben. Die folgenden Sätze sollen Ihnen weitere Klarheit verschaffen:.

- Manchmal bereuen Sie, was Sie gesagt oder getan haben, freuen sich aber trotzdem, Wirkung erzielt zu haben, gleichgültig ob gut oder schlecht. Sie leben in einer Art Drama, entweder emotional oder in Form eines kreativen Schaffensprozesses.
- Sie sind jemand, der Aufmerksamkeit braucht, der anerkannt und bewundert werden muss, der sensibel reagiert und wegen der kleinsten Kleinigkeit verletzt sein kann, der gleichermaßen leidenschaftlich lieben und hassen kann.
- Sie sind jemand, der in persönlichen Beziehungen nach

Liebe und Leidenschaft strebt, der die Nummer eins im Leben seines Partners sein muss, der es gerne hat, wenn es nach seinem Kopf geht, der sich leicht vernachlässigt fühlt und ziemlich eifersüchtig werden kann, wenn der Partner jemand anderem Aufmerksamkeit schenkt.

Wenn diese Sätze auf Sie zutreffen, sind Sie ein **Feuerzeichen.**

- Sie sind jemand, der planen muss, bevor er handelt, auch wenn Sie schon wissen, was Sie wollen. Sie machen Listen und übernehmen gerne die Kontrolle.
- Sie achten in Ihrem Streben nach Perfektion, auch bei Kleinigkeiten, sind im Allgemeinen organisiert, vor allem in Situationen, die Sie für wichtig halten. Sie sind sensibel, dabei aber vernünftig und bleiben stets fair und zuverlässig.
- Sie streben danach, der Organisator in der Familie zu sein; Sie sind loyal Ihrem Partner gegenüber und erwarten das Gleiche von ihm; gelegentlich wirken Sie ein wenig dominant, und Sie übernehmen gerne die Führung. Sie lieben es, umworben zu werden und brauchen aufrichtige Zuneigung.

Wenn diese Aussagen auf Sie zutreffen, sind Sie ein **Erdzeichen.**

- Sie mögen keinen Druck, und Sie diskutieren nicht gerne, aber Sie mögen neue Menschen und neue Erfahrungen.
- Sie mögen Tiere und Kinder, geben sich nicht mit Kleinigkeiten ab, sind für gewöhnlich unbekümmert und froh darüber, ohne große Aufregung durchs Leben zu kommen. Sie sind im Allgemeinen ruhig und ein wenig passiv.
- Sie streben danach, einfach nur geliebt zu werden, sind an-

spruchslos in Ihren persönlichen Beziehungen, halten die Dinge gerne einfach und unkompliziert, hassen Streit und Auseinandersetzungen und versuchen meistens, sich mit Ihrem Partner friedlich zu einigen und die Beziehung harmonisch zu gestalten.

Wenn dies auf Sie zutrifft, sind Sie ein **Luftzeichen.**

- Für gewöhnlich finden Sie durch Kompromisse einen Weg, andere und sich selber zufrieden zu stellen. Sie können Probleme abschätzen und lösen, indem Sie verhandeln und Harmonie anstreben.
- Sie meiden Aufmerksamkeit, scheuen Rampenlicht, möchten aber trotzdem Anerkennung für gut gemachte Arbeit: Sie streben danach, fair und achtsam mit den Gefühlen anderer umzugehen, können allerdings so sehr mit sich selber beschäftigt sein, dass sie nicht merken, was außerhalb ihrer Familie oder ihrer selbst vor sich geht.
- Sie möchten mit Ihrem Partner und Ihrer Familie kommunizieren und möchten als vernünftig wahrgenommen werden; wenn Ihnen das Thema wichtig ist, vertreten Sie vehement Ihren Standpunkt.

Wenn das auf Sie zutrifft, sind Sie ein **Wasserzeichen.**

- Sie lieben es, zerstörerisch zu sein und in jeder Situation Unfrieden zu stiften.
- Sie verlangen Aufmerksamkeit, werden wütend und rachsüchtig, wenn Sie sie nicht bekommen. Sie ignorieren die Bedürfnisse und Wünsche anderer und kümmern sich nur um Ihre eigenen Bedürfnisse.

- Sie tun Böses, denken böse Gedanken, fühlen böse Leidenschaften und benutzen Ihren Partner, Ihre Familie und alle anderen Beziehungen nur zu Ihren Zwecken.

Wenn diese Sätze Sie beschreiben, sind Sie ein **Schwefelzeichen.**

Denken Sie beim Lesen daran, dass es um Ihr wahres Ich geht und nicht darum, wie Sie sich gerne sehen möchten. Abgesehen von der fünften Gruppe, zu der die meisten von uns nicht gehören, ist keine Gruppe besser oder schlechter als eine andere. Jede der vier Hauptgruppen ist gleichermaßen erstrebenswert. Ich bin froh, ein Erdzeichen zu sein, aber ich bin so dankbar für meine Freunde und Kollegen, die Feuer-, Luft- und Wasserzeichen sind. Das Leben wäre langweilig, wenn wir alle gleich wären, und unser Lernpotenzial wäre dann ziemlich eingeschränkt.

DEM EIGENEN CHARAKTER GEMÄSS HANDELN

Der Mensch ist ein soziales Wesen. Wir haben Familie, Freunde, Kollegen, und ständig sind wir deshalb auch von unterschiedlichen Energietypen umgeben, die manchmal gut miteinander harmonieren, manchmal aber heftig aufeinander prallen. Jeder von uns wird von der Energie anderer berührt; die Charakterzüge unserer Seele können durch andere Energietypen gestört, gefördert oder geschwächt werden. Und wir alle sind manchmal dazu fähig, entgegen unserem Charakter zu handeln, vor allem, wenn ein anderer, stärkerer Energiefluss auf uns einwirkt.

Wir alle können gelegentlich agieren wie ein Feuerzeichen und uns von unseren Emotionen überwältigen lassen: vor Wut explodieren, impulsiv handeln, jemanden unerwartet und plötzlich umarmen, unsere Gefühle zeigen.

Einer jungen Frau, ein Erdzeichen und normalerweise sehr beherrscht, wird eine Überraschungsparty zu ihrem einundzwanzigsten Geburtstag gegeben. Sie ist überrascht, überwältigt, bricht vor Freude in Tränen aus und zeigt ihre innersten Gefühle. Ein Luftzeichen, normalerweise passiv, bekommt einen Wutanfall, wenn ein unvorsichtiger Autofahrer ihm die Vorfahrt nimmt und in sein brandneues Auto fährt. Oder unser Wasserzeichen, das für gewöhnlich überlegt, wie es sein schwer verdientes Geld ausgeben soll, haut alles auf den Kopf für ein tolles Paar Schuhe, die sie sich einfach leisten musste …

Bis zu einem gewissen Grad können wir alle unsere Emotionen zeigen, aber nur die Feuerzeichen werden von Natur aus durch die Energiekraft ihrer Emotionen angetrieben. Bei ihnen bestimmen in erster Linie die Emotionen die Aktionen. Das ist ihr Hauptcharakteristikum, und meistens verhalten sie sich auch dementsprechend. Wir alle sind in der Lage, zu planen und Strategien zu entwickeln, wie es Erdzeichen automatisch tun. Wenn zum Beispiel ein Feuerzeichen eine chaotische Scheidung durchmacht, dann brodeln ihre oder seine Emotionen sicher unter der Oberfläche, aber sie können die Gefühle aus strategischen Gründen beiseite schieben, wenn es nötig ist.

Auch Luftzeichen können sehr gut planen und Strategien entwerfen, wenn ihnen etwas wichtig genug ist. Da sie jedoch von Natur aus von passiver Energiekraft angetrieben werden, entwickeln sie vielleicht Schuldgefühle, wenn ihre Pläne jemanden beeinträchtigen. Wasserzeichen kommen der natürlichen Fähigkeit der Erdzeichen zu planen am nächsten, allerdings werden sie nicht durch Energie zum Handeln getrieben. Sie können zum Beispiel durchaus eine Weltreise planen und sich dabei um jedes Detail kümmern, aber vermutlich werden sie die Route sorgfältig abwägen und erst handeln, nachdem sie alles gründlich durchdacht haben. Sofortiges entschlossenes Handeln liegt ihnen einfach nicht.

Mit anderen Worten, Planen, Strategien entwickeln und Handeln fällt anderen Zeichen nicht so leicht wie dem Erdzeichen, weil es weniger charakteristisch für sie ist.

Auch ist jeder von uns in der Lage zu dem passiven Verhalten, das der natürlichen Neigung eines Luftzeichens entspricht, aber Feuer- und Erdzeichen werden mehr Mühe damit haben, und sie werden sich nur so verhalten, wenn sie es müssen. Wasserzeichen hingegen fällt das ähnlich leicht wie

Luftzeichen, weil sie von Natur aus die Dinge leichter nehmen und für ein ausgewogenes Geben und Nehmen sorgen.

Wir alle haben ein wenig vom Wasserzeichen in uns: den Wunsch, Kompromisse zu schließen, die Fähigkeit abzuwägen. Aber wir sind nicht alle gleich gut darin, vor allem nicht, wenn wir Feuer- oder Erdzeichen sind. Erdzeichen sind sehr wohl in der Lage, vernünftig abzuwägen, aber Kompromisse sind nicht charakteristisch für sie.

Am schwersten ist für uns die Energie von Schwefel zu akzeptieren. Und doch gehört auch diese Gruppe zu unserem Seelencluster, und selbst die Besten und Nettesten unter uns sind zu Gemeinheiten in der Lage. Allerdings ist dieses Verhalten meist uncharakteristisch für die anderen vier Gruppen.

Ganz gleich aus welcher elementaren Energiequelle Sie geschaffen wurden, es ist diese Kraft, die Sie vor Ihrem Leben und während Ihres Lebens hier auf der Erde hauptsächlich steuert, und es ist dieselbe, die Sie auf Ihrer Seelenreise vorwärtstreibt, wenn Sie diese Erde verlassen und ins Universum hinausgehen. Daran können Sie nichts ändern.

Wir alle erlernen im Laufe des Erwachsenwerdens bestimmte Verhaltensweisen. Unsere Eltern, Geschwister, Freunde und andere Personen, die uns auf die eine oder andere Art Erfahrungen vermittelt haben, haben uns manchmal auch gelehrt, unsere natürlichen Emotionen und die Handlungen, die daraus folgen würden, zu unterdrücken.

Ein extrem durchsetzungsfähiges Feuerzeichen zum Beispiel, das normalerweise überhaupt nicht passiv ist, hat vielleicht gelernt, dass es nicht immer gut ist, seine Emotionen offen zur Schau zu stellen. Trotzdem bleibt dieses erlernte Verhalten immer ein Kampf gegen die eigene Natur, auch wenn der betreffende Mensch den Nutzen einsieht.

Ein Erdzeichen, eine stark von Strategien beherrschte Seele, ist vielleicht dank erlerntem Verhalten ein dominantes, forderndes Individuum geworden. Da es dieses Verhalten zweifellos als negativ erkennen wird, wird es sich dabei nicht wirklich wohl fühlen.

Ein Luftzeichen, normalerweise passiv und unbeschwert, äußert seine Wünsche vielleicht auf eine aggressive, unpassende Art. Dieses Verhalten resultiert aus Frustration und dem Gefühl, unterdrückt zu werden.

Ein Wasserzeichen, eine kompromissbereite, ausgewogene Seele, hat sich vielleicht in einer Beziehung unterbuttern lassen und ist dabei in mancher Hinsicht kompromisslos und streitbar geworden, auch wenn es sich deswegen selber nicht leiden kann.

Es ist interessant, dass in Familien mit vielen Kindern, die doch alle in derselben Umgebung von denselben Eltern großgezogen wurden, jedes Kind anders reagiert und an Probleme herangeht. Haben Sie sich jemals gefragt, warum Ihr Bruder mit Ihrer Schwester besser auskommt als mit Ihnen? Warum Ihr Vater mit Ihrem Bruder immer auf Kriegsfuß stand? Warum gerade Sie und Ihre Großmutter diese ganz besondere Beziehung zueinander hatten? Warum Ihre Eltern ständig oder nie stritten? Das alles hat etwas mit den Energietypen in Ihrer Umgebung zu tun.

Wir können lernen, uns diese Energie nutzbar zu machen. Je mehr wir über unsere eigene Energiegruppe und die der anderen wissen, desto mehr Kontrolle gewinnen wir über unser Leben und die Umgebung, in der wir leben. Wir können dieses Wissen konstruktiv nutzen, um zu reifen. Reife ermöglicht Wachstum, Offenheit und größtmögliche Entwicklung. Wenn wir unser wahres Selbst unterdrücken, tun wir das Gegenteil. Wir behindern unser Wachstum und reifen nicht. Wir müssen also all unsere wunderbaren Charakterzüge pflegen und kultivieren, und mit der Zeit werden sich dadurch auch die Charakterzüge verbessern, die nicht so wundervoll sind. Wir müssen lernen und wagen, alles zu sein, was wir sein können, nicht weniger.

Es gibt Feuerzeichen, die als Kinder Wutanfälle und Zornesausbrüche hatten, die aber als Erwachsene gelernt haben, sich auf reifere Art auszudrücken. Sie haben immer noch die gleichen Gefühle und Bedürfnisse, aber jetzt benutzen sie ihre Energie klug und überlegt und daher kraftvoller. Es gibt jedoch auch Feuerzeichen, die gar nichts gelernt haben und zufrieden sind damit, Chaos bei sich und anderen anzurichten.

Es gibt Erdzeichen, die gelernt haben, nicht alles und jeden in jeder Situation zu kontrollieren und zu korrigieren. Erwachsen und gereift merken sie, dass sie höchstens sich selber kontrollieren sollten. Diese Einsicht fällt ihnen aufgrund ihrer speziellen Energie nicht leicht. Durch Erfahrung zu lernen, wie man seine Energie positiv nutzt, bringt uns selbst Erfüllung und erleichtert das Zusammenleben mit anderen.

Luftzeichen, die in der Kindheit unterdrückt wurden oder von ihren Eltern oder Geschwistern aggressiv behandelt worden sind, haben vielleicht gelernt, passiv-aggressiv zu reagieren und die aggressivere Seite ihrer Natur zu zeigen, die eigentlich nicht ausgeprägt ist.

Manche Wasserzeichen haben gelernt, dass es nicht gut für sie ist, Probleme immer zu verdrängen, dass sie manchmal handeln müssen und dass es eine vernünftige Grenze für Kompromisse gibt.

Auch Schwefelzeichen sind auf diese Erde gekommen, um zu lernen, zu wachsen und zu reifen, und genau wie uns allen wird ihnen dies entweder gelingen oder nicht.

Alle unsere Erfahrungen, die guten wie die schlechten, sind Nahrung für die Seele – gute oder schlechte Nahrung.

Wie ich schon ausgeführt habe, wird unsere Seele von der Energie der anderen Menschen in unserer Umgebung berührt und beeinflusst, deshalb ist es wichtig, dass wir uns mit Menschen umgeben, die mit unserer speziellen Energiekraft kompatibel sind. Das können wir uns meistens nicht aussuchen – zum Beispiel am Arbeitsplatz –, und dann müssen wir lernen, Kompromisse zu schließen, was für einige schwerer ist als für andere, wie wir erfahren haben. Bei unseren Freunden ist es einfacher, die können wir uns selbst aussuchen. In die Familie werden wir jedoch hineingeboren, und wenn mehrere inkompatible Seelen hier zusammengeworfen werden, kann es durchaus zu Problemen kommen.

Schauen wir uns ein paar Beispiele an.

Sagen wir, Ihr Chef, der normalerweise umgänglich und passiv ist (ein Luftzeichen), wendet sich plötzlich gegen Sie und staucht Sie ohne jeglichen Grund zusammen. Ist sein Verhalten nicht uncharakteristisch? Nun, seine eigenen Chefs machen ihm das Leben schwer, und er steht unter Druck. Frustriert tritt er nach Ihnen, aber nur für einen Moment. Da er von seiner natürlichen Energiekraft getrieben wird, nur aufgrund von Frustration zu handeln, konnte er im Moment einfach nicht anders.

Oder nehmen wir an, Ihre meist fürsorgliche, umsichtige und liebevolle Mutter hilft Ihnen bei der Planung Ihrer Hochzeit. Aber auf einmal geht es gar nicht mehr um Ihre Hochzeit, sondern nur noch darum, dass die Pläne ihrer Mutter realisiert werden. Ihre Mutter entwirft Szenarien für Ihren großen Tag und vergisst ganz, Sie nach Ihrer Meinung zu fragen (sie ist ein Erdzeichen). Getrieben von ihrer natürlichen Energiekraft macht sie Listen und Pläne und ergreift dann auch gleich die Initiative. Sie kann einfach nicht anders. (Als Erdzeichen mit einer Tochter kann ich mir das sehr gut vorstellen und nehme es mir zu Herzen.)

Denken Sie an ein Kind mit starkem Willen, das zu Wutanfällen neigt und sich gegen jeden zur Wehr setzt, der etwas von ihm verlangt, was es nicht will. Es bricht leicht in Tränen aus oder wird zornig. Getrieben von seiner eigensinnigen und kompromisslosen Energiekraft (Feuer natürlich) nimmt es sich alles zu Herzen und bezieht auch alles auf sich, was für den Rest der Familie schwierig sein kann.

Oder nehmen Sie einen Pfleger, der für ein paar Stunden mit seinen Patienten allein ist und strikte Anweisung von der Oberschwester hat, sich an die Vorschriften zu halten. Normalerweise hat er keine Probleme damit. Eine seiner Patientinnen jedoch, eine junge Frau, stirbt an Krebs. Sie ist ein Feuerzeichen, wird von ihrer Emotion getrieben, und da ihr klar ist, dass ihr nur noch sehr wenig Zeit bleibt, möchte sie sich, obwohl das verboten ist, auf der Terrasse eine Weile in die Sonne setzen. Der Pfleger weiß, dass der Arzt angeordnet hat, die Patientin dürfe auf keinen Fall das Bett verlassen. Er weiß auch, dass die Patientin nur noch kurze Zeit zu leben hat. Was wird er tun? Ein Feuerzeichen würde spontan aus dem Augenblick heraus handeln, die Patientin auf die Terrasse bringen und alle Regeln und Vorschriften für einmal ignorieren. Ein Erdzeichen würde vielleicht die gleiche Entscheidung treffen, vorher jedoch zumindest kurz eine Strategie entwerfen, wie man es vermeiden kann, erwischt zu werden. Ein Luftzeichen würde sich verantwortungsbewusster verhalten und warten, bis er jemand Älteren, Erfahreneren fragen kann, es sei denn, die Patientin würde ihn so bedrängen, dass er unter Druck käme. Wäre unser Pfleger ein Wasserzeichen, würde er sich bemühen, einen Kompromiss zu finden. Er würde die Situation abwägen und sich dafür entscheiden, den Anweisungen des Arztes zwar zu gehorchen und die Patientin im Bett zu lassen, aber zugleich das Bett in die Sonne vors Fenster zu schieben, von wo aus die Patientin auf die Terrasse blicken könnte. Er kann nicht anders, er ist ein Wasserzeichen und muss Kompromisse finden.

In allen Beziehungen ist es unsere natürliche Energie, unsere Antriebskraft, die unser Handeln bestimmt. Wenn Sie verstehen, welche Energiekraft Sie antreibt und mit welchen Energiequellen Sie kompatibel sind, haben Sie in allen Bereichen des Lebens eine echte Chance auf Erfolg.

Wir kommen gut vorbereitet auf diese Welt, ausgestattet mit unserem eigenen Treibstofftank. Wir sprechen vom Atem des Lebens, von Lebenskraft, von Karma.

Jeder von uns kann seine Kraft mit der universellen Energie, mit Gottes Energie verbinden und so eine noch viel größere Kraftquelle werden. Wir nutzen die Macht des Gebetes, die Macht des Glaubens an eine Höhere Macht, die Macht unserer Glückszahl oder eines Talismans. Wenn wir erst einmal festgestellt haben, ob wir von den Elementarkräften Feuer, Erde, Luft, Wasser oder Schwefel angetrieben werden, wird es einfach, unsere Kraft zu nutzen. Zuerst jedoch müssen wir wissen, welche Kraft uns beeinflusst und antreibt – mit anderen Worten, welcher der fünf Hauptenergiequellen wir zuzuordnen sind.

BEI ARBEIT, FREIZEIT, SPIEL – UND IN DER LIEBE

Die meisten von Ihnen wissen an dieser Stelle wahrscheinlich schon, ob sie Feuer-, Erde-, Wasser- oder Luftelemente sind. Bei anderen ist das vielleicht noch immer nicht so sicher. »Kann ich auch zu mehr als einer Gruppe gehören?«, fragen Sie vielleicht. »Ist es möglich, Erde und Wasser oder Feuer und Luft zu sein?« Die Antwort lautet nein, absolut nicht.

Verwirrend ist, dass jeder der vier Seelentypen auch Züge der anderen annehmen kann. Der Unterschied liegt jedoch in unserer ganz speziellen Lebenskraft, dem elementaren Einfluss, der uns zum Handeln treibt. Wir sollten uns nicht das endgültige Ergebnis unserer Handlungen anschauen, sondern eher den Prozess: *wie* wir denken, *wie* wir fühlen, was in unseren Köpfen, unseren Herzen vor sich geht. Welche Art von Energie spüren wir instinktiv?

Bei der Arbeit, in der Freizeit, beim Spiel und in unseren romantischen Beziehungen werden unsere Emotionen und Handlungen von unserer besonderen Energiegruppe beeinflusst. Noch ein paar weitere Beispiele:

Einer Ihrer Chefs gibt deutlich zu erkennen, wer seine Lieblinge sind, und er bevorzugt und befördert sie offensichtlich nach seiner Neigung.

Haben Sie die Tendenz,

- wütend aufzubegehren?
- sich verbittert bei den anderen zu beschweren?
- sich persönlich angegriffen und verletzt zu fühlen?
- die Situation zu beobachten und auf die Gelegenheit zu warten, zuzuschlagen?

Diese Reaktionen wären typisch für ein **Feuer**zeichen.

Oder würden Sie

- die Ungerechtigkeit der Situation spüren und einen Plan machen, um Ihre Arbeitsumgebung zu ändern? Würden Sie sich vielleicht auch an eine höhere Instanz wenden?
- mit dem Chef unter vier Augen über die Unfairness der Situation sprechen?
- mit Ihren Kollegen eine Art Protest organisieren?
- überlegen, ob Sie sich nach einem anderen Job umschauen?

Diese Reaktionen wären typisch für ein **Erd**zeichen.

Oder würden Sie

- akzeptieren, dass Sie in der Angelegenheit nicht viel unternehmen können?
- versuchen sich herauszuhalten, da Sie der Ansicht sind, dass Sie das Ganze nichts angeht?
- das Beste aus der Situation machen und hoffen, dass sie sich irgendwann wieder ändert?
- schulterzuckend weiterarbeiten?

Diese Reaktionen wären typisch für ein **Luft**zeichen.

Oder würden Sie

- versuchen abzuwägen, warum Ihr Chef sich so verhält und welche Auswirkungen sein Verhalten auf Sie und Ihre Kollegen hat?
- sich überlegen, ob Sie die Möglichkeit haben, die Situation zu ändern und nach gründlicher Prüfung der Sachlage etwas sagen?
- nichts sagen oder tun?
- Ihrem Chef zugestehen, dass er in guter Absicht handelt und versuchen, Frieden zwischen ihm und Ihren Kollegen zu halten?

Das wären typische Reaktionen eines **Wasser**zeichens.

Ihr Partner hat, ohne Sie zu fragen, Leute zum Abendessen zu Ihnen nach Hause eingeladen. Einige der Gäste kennen Sie, weil es Freunde oder Arbeitskollegen Ihres Partners sind. Sie haben einen anstrengenden Tag hinter sich und wollten eigentlich nur noch die Füße hochlegen und fernsehen.

Würden Sie

- Pizza kommen lassen, einen schönen Abend verleben und danach Ihren Partner umbringen?
- vor Wut explodieren und ins Schlafzimmer stürmen?
- gute Miene zum bösen Spiel machen, aber anschließend ein paar Tage schmollen und Ihren Partner leiden lassen?
- begeistert sein und den Abend genießen?

Alle diese Reaktionen wären typisch für ein **Feuer**zeichen.

Oder würden Sie

- die Situation akzeptieren, etwas zu essen machen und ins Schlafzimmer verschwinden, sobald Sie können, ohne den Abend zu verderben?
- das tun, was Sie vorhatten, und Ihren Partner den Abend alleine regeln lassen, ohne Schuldgefühle deswegen zu empfinden?
- die spontane Abendeinladung genießen und rasch mit Ihrem Partner planen, wie es ein schöner Abend werden kann?
- sich vornehmen, später mit Ihrem Partner darüber zu sprechen, dass es Ihnen lieber gewesen wäre, er hätte Sie auf dem Nachhauseweg angerufen und schon einmal vorgewarnt?

Diese Reaktionen wären typisch für ein **Erd**zeichen.

Oder würden Sie

- das unbedachte Verhalten Ihres Partners übel nehmen, aber trotzdem das Beste daraus machen.
- die Situation akzeptieren und sie entweder genießen oder einfach nur Distanz halten?
- Ihre Gefühle für sich behalten, obwohl es Ihnen nicht recht ist, vor diese Situation gestellt zu werden.
- sich bei der nächstbesten Gelegenheit ins Bett schleichen und hoffen, dass es niemand merkt?

Das wäre typisch für ein **Luft**zeichen.

Oder würden Sie

- einen Kompromiss mit Ihrem Partner schließen, etwas zu essen bestellen, mit essen, sich aber dann vor den Fernseher setzen, froh darüber, dass sich alle amüsieren?

- sich schrecklich über Ihren Partner ärgern, aber versuchen, seine Gründe zu verstehen?
- das Beste aus der Situation machen und versuchen, später mit Ihrem Partner über sein unbedachtes Vorgehen zu diskutieren?
- versuchen, sich mit Ihrem Partner über zukünftige Aktionen zu einigen?

Das wären die typischen Reaktionen eines **Wasserzeichens.**

Sie sind zu Feierlichkeiten eingeladen. Dabei könnte es sich um eine Hochzeit, ein offizielles Geschäftsessen, das Theater oder vielleicht auch ein wichtiges Familientreffen handeln. Sie wollen eigentlich nicht gehen, es ist Ihnen aber klar gemacht worden, dass Sie die Verpflichtung dazu haben – Sie sind emotional erpresst worden.

Würden Sie

- wütend auf sich sein, weil Sie sich erpressen ließen, und sich schließlich weigern teilzunehmen?
- hingehen, aber aus Ihren Gefühlen keinen Hehl machen?
- versuchen, das Ereignis in *Ihrem* Sinn zu ändern?

Das wären typische Reaktionen eines **Feuerzeichens.**

Oder würden Sie

- einfach andere Arrangements treffen und dabei gar keine oder nur wenig Schuldgefühle empfinden?
- hingehen, aber jemand mitnehmen, mit dem Sie sich bestimmt dort amüsieren?
- Ihre Handlung gegen die Gefühle anderer abwägen, hin-

gehen und das Beste daraus machen, oder nicht hingehen, aber deswegen keine Schuldgefühle haben?

Diese Reaktionen wären typisch für ein **Erdzeichen.**

Oder würden Sie
- die Situation akzeptieren und einfach durchstehen?
- frustriert sein, weil Sie hingehen müssten, Ihre Gefühle aber lediglich Nahestehenden zu erkennen geben und auf keinen Fall den Verantwortlichen gegenüber?
- vorgeben, Sie hätten eine andere Verpflichtung, aber Schuldgefühle deswegen empfinden?

Diese Reaktionen wären typisch für ein **Luftzeichen.**

Oder würden Sie
- sich entschließen hinzugehen, versuchen, Frieden zu stiften und dafür zu sorgen, dass sich trotz der Umstände alle, die Sie kennen, wohl fühlen?
- einen anderen Zeitpunkt arrangieren, wo alle besser unter einen Hut zu bringen wären?
- sich etwas Besonderes ausdenken, um sich wohl zu fühlen?

Diese Reaktionen wären typisch für ein **Wasserzeichen.**

Wie Sie an diesen Beispielen sehen können, scheinen manche Reaktionsweisen in den einzelnen Gruppen ähnlich zu sein. Wie wir jedoch dazu kommen, der Prozess, der uns dorthin führt, unsere *treibende Kraft*, unsere Gefühle – sie sind es, die unseren Energietyp bestimmen.

Werden wir von unseren Emotionen, unseren Gefühlen der Freude oder Leidenschaft, Wut oder Verletzung getrieben, wie unsere Feuerzeichen? *Reagieren.*

Unterdrücken und verdrängen wir unsere Emotionen bewusst, weil wir von dem Bedürfnis getrieben werden, zu planen und Strategien zu entwickeln, wie bei unseren Erdzeichen? *Proaktiv.*

Handeln wir nur aus Frustration oder unter Druck, sind im Allgemeinen unbeschwert und glücklich, schwimmen mit dem Strom wie unsere Luftzeichen? *Nicht aktiv.*

Werden wir getrieben von unserem Bedürfnis, vernünftig zu sein, leben und leben zu lassen, Frieden zu halten und abzuwägen, wie unsere Wasserzeichen? *Interagierend.*

Wir alle sind fähig zu allen Gefühlen und Emotionen, Aktionen und Reaktionen. Wie wir sie jedoch handhaben, das bestimmt die Kategorie, in die wir höchstwahrscheinlich gehören.

Letztendlich reagieren wir auf unsere Lebenserfahrungen mit spirituellem Wachstum, und zwar jeder von uns mit seinen eigenen Stärken und Schwächen. Wir alle haben Züge, die uns Macht verleihen, aber wir haben alle auch Charakterzüge, die uns machtlos machen.

In unseren persönlichen Beziehungen halten wir Ausschau nach dem kompatibelsten Partner, der Person, mit der uns sofort ein spezielles Band verbindet. Wir alle träumen von einem Seelengefährten, dessen Energien sich mit unseren harmonisch verbinden. Das würde nicht zwangsläufig bedeuten, den Rest des Lebens nie mehr streiten zu müssen. Aber wenn man jemanden aus einer kompatiblen Energiegruppe, der unsere eigenen Energien ausgleicht, findet, hat die Beziehung größere Aussichten auf Erfolg.

Ist es überhaupt möglich, den Seelengefährten zu finden? Natürlich. Allerdings ist das für manche Seelenzeichen einfacher als für andere.

Emotional getriebene Feuerzeichen werden sich schnell von jemandem abwenden, wenn die Dinge nicht nach ihren Vorstellungen laufen. Das kann schwierig sein in einer Beziehung mit einem Erdzeichen, das immer auf Kurs bleibt oder darunter sehr leiden wird.

Erdzeichen, die Planer, Strategen und Macher, sind von Natur aus konstruktiv, können jedoch zu dominant und fordernd werden. Das schafft ebenfalls Probleme in Beziehungen.

Luftzeichen, die unbeschwerte Seelengruppe, lassen sich nur mit größter Vorsicht auf jemanden ein, werden aber häufig von einem entschlosseneren Seelenzeichen überrollt, das ihnen eine ausgewogene Partnerschaft in Aussicht stellt bis unser Luftzeichen sich unerfüllt oder hintergangen fühlt.

Wasserzeichen schwimmen mit dem Strom, was bedeutet, dass sie in einer Beziehung treu sind, wenn sie funktioniert, und fremdgehen, wenn sie nicht so gut funktioniert. Weil sie in einem stetigen Energiestrom dahinfließen, kann man normalerweise gut mit ihnen auskommen, und das wirkt sich vor allem für Beziehungen mit Feuer- und Erdzeichen positiv aus.

Zu welcher Energiequelle gehört also Ihr Partner wahrscheinlich?

Oberflächlich betrachtet und wenn man vor allem eine friedliche, harmonische Beziehung als erstrebenswert ansieht, sind die Beziehungen zwischen Luft- und Wasserzeichen am ausgewogensten: der eine Partner ist ziemlich passiv und unbeschwert und der andere immer bereit zu Kompromissen. Und selbst wenn diese beiden Seelen sich streiten – und das tun sie von Zeit zu Zeit natürlich –, dann sind beide Partner mehr als bereit, eine Lösung zu finden, die ihnen beiden gerecht wird. Das bedeutet nicht zwangsläufig, dass Ihre Ehe oder Beziehung perfekt ist; es bedeutet lediglich, dass der Energiefluss zwischen Luft- und Wasserzeichen kompatibel und daher die Chance größer ist, dass die beiden gut zusammenpassen.

Ich höre schon alle Feuer- und Erdzeichen verzweifelt aufstöhnen, wie ich es im Übrigen auch getan habe. Meine Tochter und ich sind beide Erdzeichen. Bedeutet das dann, dass unser Streben nach Glück fruchtlos ist? Nein, keineswegs, allerdings müssen wir ein wenig mehr Sorgfalt aufwenden, wenn wir den Partner fürs Leben finden wollen.

Endlich besitzen wir den Schlüssel. Wir müssen nicht jede Gelegenheit ergreifen – wir haben ein Mittel, mit dem wir das wahre Glück finden können. Wir müssen nicht die gleichen Fehler immer und immer wieder machen. Unsere Söhne und Töchter müssen sich nicht fragen, ob sie wohl geschieden werden oder einsam bleiben. Die Liebe ist kein Zufallsspiel mehr.

Das Leben ist ein Balanceakt, Beziehungen erfordern Arbeit, und ganz gleich, wie erfolgreich wir äußerlich sind, gelingt es den meisten von uns, ein vernünftiges Gleichgewicht im Leben herzustellen. Wenn unsere persönlichen Beziehungen schwierig sind und bleiben, stecken wir unsere Energie vielleicht erfolgreich in die Arbeit. Es gibt viele Bereiche, wo wir gleich geartete Seelen finden können, die unsere Bedürfnisse erfüllen wie wir die ihren.

TEIL III:

SEELENZEICHEN

EIN STRAUSS GOLDENER NARZISSEN

Vor vielen Jahren, als meine Tochter noch klein war und ich viel Zeit zu Hause verbrachte, habe ich gern und häufig im Garten gearbeitet. Ich verbrachte viele Stunden damit, einen wunderschönen Garten zu planen und zu entwerfen. Mein Garten, der vor allem für seine Rosen bekannt war, war voller Blumen, und ich fand es immer am schönsten, wenn im Frühjahr die vielen verschiedenen Narzissensorten blühten. Mit den Jahren hatte ich dann leider immer weniger Zeit zum Gärtnern, und ich pflanzte nur noch selten etwas an. Dann jedoch begann ich mich mit dem Wunder der Seelenzeichen zu befassen, und jetzt bin ich wieder eine Gärtnerin, dieses Mal aber eine Gärtnerin der Seelen.

In unserem Garten der Seelen produziert jede Seele ihre eigene Art von Energie und ihr eigenes spezielles Licht. So wie es in der Natur unterschiedliche Narzissenarten gibt, so sind auch die dreizehn Seelenzeichen in Gottes Garten ähnlich und doch verschieden. Dreizehn Seelenzeichen, die alle in einer Brise von Ungewissheit blühen – Erregung wechselt mit Angst, Bangen, Glück, Lachen, Tränen, Schmerz –, all die Emotionen, die unser Leben ausmachen. Im Folgenden werden wir jedes einzelne Seelenzeichen genauer betrachten. Zuerst jedoch möchte ich Ihnen erzählen, wie ich von dem Konzept der Seelenzeichen erfahren habe.

Ich saß in der Sonne, lauschte dem Rauschen des Windes und wartete mit gezücktem Stift darauf, von Grauer Adler inspiriert und angeleitet zu werden, als ich plötzlich spürte, wie ich langsam in das Zwielicht eintauchte, den Bereich, in dem ich die Wahrheit sehe.

Wohin gehe ich dieses Mal, und was werde ich lernen? Grauer Adler greift nach mir, und undeutlich bin ich mir bewusst, dass ich beginne mich zu bewegen. Es geht nach unten, immer schneller nach unten, weg von der physischen Welt über die Grenze, die uns von dem Ort trennt, an dem alles bekannt ist, für mich ein vertrauter Ort. Und immer weiter geht es nach unten, in diese »andere Welt«, in der alle meine Sinne im Einklang sind.

Zuerst sehe ich eine große weiße Blüte, vielleicht eine Magnolie, die süß duftet. Dahinter sehe ich üppig grüne Hügel, auf denen vereinzelt Schafe weiden. Als ich mich umblicke, sehe ich rote Blumen, einen Fluss und eine kleine, geschwungene Steinbrücke. Als ich genauer hinschaue, stelle ich fest, dass die Brücke beinahe zu schweben scheint. Auch die Leute, die über die Wiesen gehen, scheinen zu schweben. Alle sind barfuß, aber bekleidet, und eine leichte Brise, die ich jedoch nicht spüren kann, spielt in den Falten der Gewänder und in den Haaren. Ebenso wie die Brücke und die Menschen schwebt auch die Zeit, und ich höre kein Geräusch. Ich komme mir vor wie in einem Stummfilm, der sich in Zeitlupe entfaltet.

Plötzlich geht ein riesiger Mond auf, der das gesamte Bild ausfüllt. Es kommt mir weder dunkel noch taghell vor. Ich sehe Schwäne, Adler und viele andere Vögel.

Als ich den Kopf hebe, rieche ich auf einmal einen anderen Duft, ebenso süß und wundervoll wie der der weißen Blume. Und plötzlich weiß ich ganz genau: Ich bin im Himmel, oder zumindest in einem Teil des Himmels.

Hinter mir ertönt Lachen, Gekicher, wie von Kindern.

Der Erste, den ich sehe, ein Junge, hat einen rasierten Kopf. Seine Augen sind groß und braun, und er blickt mich völlig emotionslos an. Ich habe einen Kloß im Hals, ich glaube, ich erkenne das Kind. Es ist Mark, mein erster kleiner Patient. Ich frage mich, ob er mich wohl anlächeln oder ob sein Ausdruck die ganze Zeit über gleich bleiben wird. Er wendet sich halb ab und blickt zu einer Stelle, die ich nicht sehen kann. Dann dreht er sich wieder zu mir um, lächelt ein wenig, und ich bin froh, dass es ihm gut geht.

Es ist zwar seltsam, dass es eine Rolle spielt, aber ich bin eben ein Mensch und muss mir anschauen, was er trägt: eine Hose, eine cremefarbene Tunika mit einer dunklen Schärpe. Es erinnert mich an meine Judokleidung, und im Stillen frage ich: »Ist das eine Art Uniform?« Eine fast unmerkliche Bewegung seines Kopfes sagt mir, dass die Antwort nein ist. Und dann auf einmal ist er weg, und auch das einzige Geräusch, das ich bis dahin gehört habe, das Kinderlachen, ist verschwunden. Ich stehe alleine in einer unwirklichen Stille.

Dann greift plötzlich eine Kinderhand aus dem Nichts nach meiner Hand. Den Körper, der zu den kleinen Fingern gehört, kann ich noch nicht sehen, aber ich weiß, dass ich dem Kind folgen muss.

Ganz langsam werde ich gehoben, immer noch an der winzigen Hand des Kindes, das mein Führer sein soll. Wir schweben, und in mir regt sich meine Seele.

Die Reise scheint eine Weile zu dauern, und dann doch wieder nicht. Ich weiß sofort, als wir unser Ziel erreicht haben. Felder voller goldener Blumen wiegen sich im Wind. Es sind unzählige, und auf seltsame, unerklärliche Weise weiß ich, dass ich mit meinem geistigen Auge alles Menschliche auf der Welt sehe. Einen Moment lang frage ich mich, ob das wohl stimmt, und erhalte sofort Bestätigung, als das Kind meine Hand drückt.

Staunend und entzückt betrachte ich die Schönheit, unsere Schönheit, und die Worte aus William Wordsworths Gedicht »Einsam wie eine Wolke« kommen mir in den Sinn.

Einsam wie eine Wolke wanderte ich

Durch Täler und über Höh'n

Als ich auf einer Wiese

Sah unzählige goldne Narzissen stehn.

Wieder höre ich Geräusche, und Kinderstimmen erfüllen die Luft. Das Kind zupft an meiner Hand, und ich wende ihm meine Aufmerksamkeit zu, weil ich weiß, dass ich aus einem bestimmten Grund hierher gebracht worden bin, und ich muss lernen, so viel ich kann.

Wieder blicke ich auf das Meer von Narzissen, sehe Kinder, die zwischen den Blumen spielen. Sie werden jetzt meine Lehrer sein. »Pass auf, pass auf«, sagen sie. »Seelenzeichen ...«

»Ein Garten voller Seelen«, flüstert Grauer Adler. »Und insgesamt sind es zwölf. Zwölf von Gott, zwölf von Gott, zwölf von Gott.«

Ich schaue und lausche, und die Kinder beginnen zu singen, und während sie singen, bilden sie vier Gruppen. Jede Gruppe tanzt zwischen den Narzissen umher, und sie singen ein seltsames Lied.

Dieses ist der Strahlende Stern,
Mit kurzer Blüte und hell,
dieses ist der Träumer,
Poeticus auf die Schnell.

Und dieses ist der Rückblickende,
Cyclamineus, wie bekannt.
Und alle im großen Garten,
Und alle in Gottes Hand.

Dieses hier ist der Krieger,
Eine Glocke voller Kraft und voller Mut
Und dieses ist der Visionär,
Mit einem gefüllten Hut.

Und dieses ist der Jäger,
Ein Triandrus weiß und rein.
Und alle in Gottes Garten,
Und alle so schön und fein.

Hier haben wir den Neugeborenen,
Aus einer Blüte mach zwei.
Und hier ist der Prophet,
Tazetten sind auch dabei.

Und dann ist hier der Reisende,
Atemberaubend schön.
Und alle in diesem Garten,
In dem wir sie hier sehen.

Dieses hier ist der Alte,
Langblättrig mit rosa Herz.
Jonquilla ist der Friedensmacher,
Die Schönheit ist kein Scherz.

Und dies hier ist der Sucher,
Bulbocodium, selten und wild.
Und alle in einem Garten,
Und alle so wundermild.

Und immer weiter sangen und tanzten die Kinder über das goldene Feld, und die Musik klang süß in meinen Ohren. Bald fielen immer mehr Stimmen ein, und auch ich begann mitzusingen und lernte so die Lektion.

Zeit? Es gab keine Zeit, aber nach einer langen Weile – jedenfalls kam es mir so vor – begann ich wieder sanft zurückzuschweben.

Und dann saß ich wieder in der Sonne, der Wind rauschte, und ich zückte den Stift. Das Lied ging mir nicht mehr aus dem Kopf, und als ich merkte, was für ein unglaubliches Geschenk diese Seelenbenennung war, lief ich zu meinen Bücherregalen und sah in meinen Gartenbüchern nach, wie wohl die Energie meiner Seele und die der anderen Seelen aussehen mochte.

Aber ich greife vor und erzähle Ihnen etwas von Seelenzeichen, bevor Sie überhaupt wissen, was das ist. Zuerst, wie wir uns erinnern, kommen die Seelengruppen, die fünf elementaren Energiequellen, aus denen alle Seelen auf der Erde entstanden sind. Darüber wissen wir bereits alles: Feuer, Erde, Luft, Wasser und Schwefel. Was wir jetzt lernen werden, was ich von Grauer Adler lernte, ist, dass es in vier dieser Gruppen drei verschiedene Seelenzeichen gibt, und dass jedes jemand sein könnte, den wir kennen.

DREIZEHN SEELEN

Mittlerweile wissen Sie, welche elementare Kraft Sie antreibt. Sie kennen Ihre Hauptenergiequelle und wissen, zu welcher Gruppe Sie gehören. Der nächste Schritt ist die Bestimmung Ihres Seelenzeichens.

Da wir alle verwandte Blüten in diesem irdischen Garten der Seelen sind, sind wir uns in vieler Hinsicht ähnlich. Wir benehmen uns häufig ähnlich und denken ähnlich, und deswegen wird es nicht so ganz einfach werden, das eine Zeichen zu identifizieren, das unsere Seele definiert und uns erklärt. Aber es gibt deutliche Verhaltenshinweise, die mit dem Energiefluss zwischen den unterschiedlichen Energiegruppen und den Zeichen selbst zu tun haben. Also folgen Sie mir einfach, dann sollten Sie kein Problem haben, Zugang zu dem Wissen zu finden, das Grauer Adler über Ihr spirituelles Schicksal weitergegeben hat.

Es gibt insgesamt dreizehn Seelenzeichen, jedes beeinflusst und angetrieben von einer der fünf Energiegruppen.

In der **Feuer**gruppe haben wir

Die Rückblickende Seele

Die Träumende Seele

Die Strahlender Stern Seele

Die Feuerenergiegruppe der Seelen ist angetrieben von und handelt durch Emotion.

In der **Erd**gruppe haben wir

Die Jäger Seele

Die Visionär Seele

Die Krieger Seele

Die Erdenergiegruppe der Seelen ist angetrieben von und handelt durch Planung und Strategie.

In unserer **Luft**gruppe haben wir

Die Reisende Seele

Die Prophet Seele

Die Neugeborenen Seele

Die Luftenergiegruppe der Seelen ist angetrieben von und handelt durch Frustration und Druck.

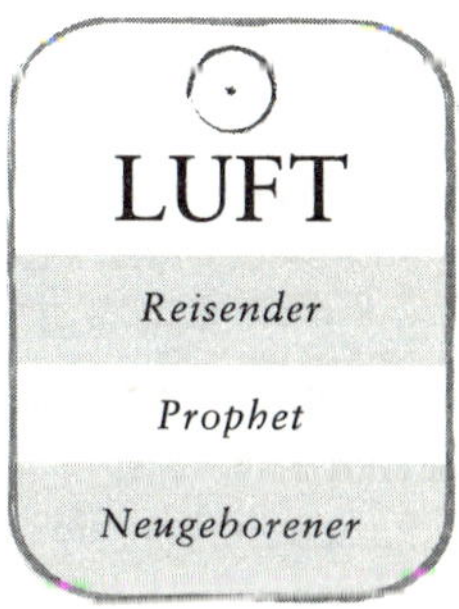

In unserer **Wassergruppe** haben wir

Die Sucher Seele

Die Friedensmacher Seele

Die Alte Seele

Die Wasserenergiegruppe der Seelen ist angetrieben von und handelt durch Abwägen und Kompromiss.

Und in der **Schwefelgruppe** haben wir

Die Dunkle Seele

Die Schwefelenergiegruppe der Seelen ist angetrieben von und handelt durch den Wunsch zu zerstören.

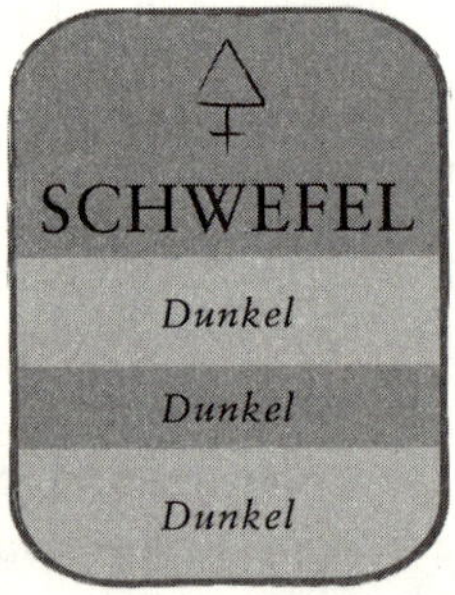

Wie Sie sehen können, gibt es vier Energiegruppen mit je drei Seelenzeichen – »Zwölf von Gott«, sagt Grauer Adler. In unserer letzten Gruppe, Schwefel, haben wir nur ein Zeichen, die Dunkle Seele (alle drei Ausprägungen der Dunklen Seele stammen aus der gleichen Elementarkraft, aber jede gebraucht ihre dunkle Energie auf andere Art und Weise; darauf werde ich in einem späteren Kapitel noch eingehen). Welches spezifische Seelenzeichen sind Sie? Wenn Sie sich Ihre Energiegruppe anschauen, haben Sie nur noch drei zur Auswahl, und eins davon sind Sie ganz bestimmt.

Sie dürfen nicht voraussetzen, dass der Name einer spezifischen Seele einen bestimmten Typ charakterisiert. Das ist nicht der Fall. Sie könnten zum Beispiel annehmen, dass eine Jäger Seele gerne in den Wald geht und Wild jagt, dass eine Neugeborenen Seele sich kindisch benimmt oder dass jemand, der gerne reist, zwangsläufig eine Reisender Seele ist. Das ist aber nicht unbedingt so. Lassen Sie sich von dem Namen nicht zu sehr beeinflussen.

Lassen Sie uns lieber einmal die grundlegenden Charakterzüge der einzelnen Seelenzeichen betrachten und einen Blick auf die Einzigartigkeit ihrer Blüte werfen.

Wenn Sie die folgenden Beschreibungen der drei Seelenzeichen in Ihrer Energiegruppe lesen, schließen Sie nacheinander aus, was nicht auf Sie zutrifft. Eine der Beschreibungen passt ganz bestimmt nicht, streichen Sie dieses Seelenzeichen. Jetzt haben Sie nur noch zwei Wahlmöglichkeiten. Erwarten Sie nicht, dass eine davon hundertprozentig auf Sie zutrifft. Denken Sie daran, dass ihr Charakter auch durch Ihre Erziehung und Umgebung geprägt ist. Manche Züge werden Ihnen bekannter vorkommen als andere, und nur wenn Sie sich sehr gut kennen, werden Sie sie eindeutig zuordnen können.

Lassen Sie uns mit den Feuerzeichen beginnen: Die Rückblickende Seele, die Träumer Seele und die Strahlender Stern Seele. Unser kleines Lied sagt uns, dass die dazu gehörigen Narzissensorten Cyclamineus, Poeticus und die kurzblättrige Narzisse sind.

Die Rückblickende Seele

Die Rückblickende Seele ist wahrscheinlich das am häufigsten missverstandene aller Seelenzeichen, hauptsächlich deswegen, weil die dazu gehörigen Personen Mühe haben, sich selbst nüchtern so zu sehen, wie sie wirklich sind; so sehr sind sie in ihren Emotionen gefangen. Da sie ihren Kopf durchsetzen will, ist Lernen und Wachsen für die Rückblickende Seele ein äußerst schmerzhafter Prozess. Missverstanden und oft von anderen unfair und hart beurteilt, kostet es die Rückblickende Seele viel Mut zu akzeptieren, wer sie ist und warum sie sich so und nicht anders verhält, aber wenn dies geschieht, dann erstrahlt die Blume ihres Geistes in atemberaubender Schönheit.

Mein Freund Jack ist ein hervorragendes Beispiel für eine Rückblickende Seele. Er ist zweifellos ein hart arbeitender, gewissenhafter Mann, hilfsbereit, freundlich und großzügig, mit einem großen Herzen, und jeder kann nur das Beste über ihn sagen. Nun sollte man meinen, dass er glücklich ist, weil er so geachtet und geliebt wird, aber nein, es gibt immer irgendein Problem. Jack kann einfach nichts dafür, er grübelt ständig über irgendetwas Negatives. Er schlägt sich mit Problemen und Kränkungen aus der Vergangenheit herum, mit seinem Selbstwertgefühl, und ganz gleich, wie gut sein Leben verläuft, es ist nie gut genug. Trotzdem ist Jack ein ganz besonderer Mensch für mich. Ich weiß auch, dass er mich aufrichtig mag, und ich bin dankbar, dass er und seine Frau zu meinem Leben gehören.

Aber eigensinnig und kompromisslos, wie sie ist, hat die Rückblickende Seele von allen dreizehn Seelenzeichen wahrscheinlich die schwierigsten Lebenskämpfe durchzustehen, was leicht zu erklären ist.

Diese Seele strebt aufrichtig und intensiv nach Perfektion. Alles muss perfekt sein: Ehe, Kinder, Arbeit, das Leben. Nur meistens ist das Leben nicht so. Zu Beginn jeder Beziehung neigt die Rückblickende Seele dazu, alles durch eine rosarote Brille zu sehen, weil sie glauben will, dass diese neue Person, diese neue Situation perfekt sein wird. Zwangsläufig wird sie immer wieder enttäuscht, und häufig wird sie anderen die Schuld geben, weil sie nicht erkennen kann, dass ihre Erwartungen zu hoch waren.

Charakterzüge der Rückblickenden Seele

Extrem idealistisch, fleißig, kann freundlich und umsichtig sein, wenn sie Aufmerksamkeit und Zustimmung sucht, obwohl diese Seele immer mit Gefühlen der Unsicherheit zu kämpfen hat. Nimmt sich alles zu Herzen, neigt dazu, ständig zurückzublicken und an alten Verletzungen und Problemen festzuhalten. Kann Vergangenheit und Gegenwart nur schwer trennen. Ist äußerst sensibel und deshalb auch leicht zu verletzen. Neigt zu Enttäuschungen und findet es oft schwierig, positiv zu empfinden. Ist sehr mit sich selber beschäftigt und muss aufpassen, dass sie nicht ständig unzufrieden ist.

Bei ersten Begegnungen hat die Rückblickende Seele hohe Erwartungen. Es gibt Momente großer Einsicht und Sensibilität, aber später steckt sie häufig den Kopf in den Sand, wiederholt alte Fehler und will nicht lernen. Sie findet es schwierig, Gefühle auszudrücken, und manchmal entschuldigt sie schlechtes Benehmen mit gesundheitlichen Problemen.

Sie hat zwei Seiten: Sie ist fürsorglich, voller Mitgefühl und herzlich und hilft bereitwillig, weil sie ein großes Bedürfnis danach hat, gebraucht zu werden, vor allem von Menschen außerhalb der eigenen Familie, die sie noch nicht enttäuscht haben. Andererseits möchte sie gerne alles unter Kontrolle behalten und hat besondere Schwierigkeiten mit Familienmitgliedern gleichen Geschlechts, also Mutter/Tochter, Vater/Sohn. Wenn diese Seele nicht reift, wird sie im Alter noch unglücklicher.

Beziehungen und die Rückblickende Seele

Als äußerst bedürftige und gleichzeitig willensstarke und starrsinnige Person fällt es der Rückblickenden Seele schwer, persönliches Glück zu finden. Auf jeden Fall braucht sie jemanden, der an ihre positiven Empfindungen appellieren kann. Ist sie jedoch gereift, dann kann die Rückblickende Seele eines der stärksten und anziehendsten Zeichen unseres Seelenclusters sein. Wenn sie ihre stete Neigung, enttäuscht zu sein, überwindet und die Fallstricke ihres Charakters versteht, dann wird sie sich sehr um ihre Beziehung bemühen und das Glück erlangen, dass sie so verzweifelt braucht und verdient.

Gefahren: Sie gibt gerne anderen die Schuld, wenn etwas schief geht oder sie unzufrieden ist, und weist alle Schuld von sich; sie strebt nach Perfektion und setzt sich und andere dadurch unvermeidlichen Enttäuschungen aus.

Das Lied

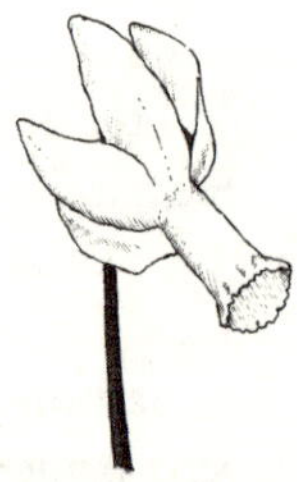

Im Lied wird die Rückblickende Seele mit dem Cyclamineus gleichgesetzt. Wenn man diese Blüte betrachtet, weiß man auch warum. Vom Wind zerzaust hängt die Blüte nach unten – man kann den Kampf des Rückblickenden förmlich sehen. Und doch ist etwas Feines und Wunderschönes um diese tiefgelbe Blüte, das uns das Potenzial der Rückblickenden Seele zeigt, wenn es ihr gelingt zu reifen.

Die Träumende Seele

Die Träumende Seele muss man einfach mögen, da sie so viele liebenswerte Eigenschaften hat. Selbst wenn man noch so frustriert wegen ihrer Schusseligkeit ist, hält der Zorn auf sie nicht lange an, weil sie immer nur die besten Absichten hat. Wenn es eine Träumende Seele in Ihrem Leben gibt, dann sind Sie reich.

Da ihre Gedanken oft in unterschiedliche Richtungen abschweifen, muss die Träumende Seele an ihrer Disziplin arbeiten – was schwer für sie ist. Aber wenn sie wachsen will, kann sie es erreichen, vor allem wenn sie ein bestimmtes Ziel vor Augen hat. Als Feuerzeichen hat sie einen äußerst starken Willen, obwohl er bei ihr gut verborgen ist.

Die Träumende Seele wird durch Emotionen zum Handeln getrieben, wie alle Feuerzeichen. Eigensinn und mangelnde Kompromissbereitschaft sind jedoch weniger ausgeprägt als bei den anderen Seelenzeichen in ihrer Gruppe. Aus diesem Grund wird die Träumende Seele oft unterschätzt. Wie bei allen Feuerzeichen fällt einem der Satz ein: »Du kannst das Pferd zum Brunnen führen, aber du kannst es nicht zwingen zu trinken.«

Charakterzüge der Träumenden Seele

Strebt wunderbare Dinge an, ist ehrgeizig, aber nicht besessen, idealistisch, lebt aber nicht immer in der realen Welt. Besitzt lebhafte Phantasie und eine Tendenz, sich mitreißen zu lassen; ist kontemplativ und oft verträumt; physisch nicht besonders aktiv, anstrengendem Training abgeneigt, aber interessiert an Walking, Yoga oder ähnlichen sanfteren Sportarten. Die Träumende Seele kann meditativ sein und zu Wunschdenken neigen, sie erwartet und erhofft immer etwas vom Leben, vermeidet Konflikte, geht aber unter emotionalem Druck Streit nicht aus dem Weg.

Eine Träumende Seele kann nachdenklich, aber auch unsicher und defensiv sein. Sie phantasiert gerne, besitzt Humor; ist künstlerisch veranlagt, kreativ, malt oder näht gerne. Sie liebt Menschen, Kinder und Tiere. Sehr fürsorglich will sie nur das Beste für andere, ist ein williger Arbeiter und hilfsbereit. Übernimmt nicht gerne die Führung und lässt sich leicht aus der Fassung bringen.

Beziehungen und die Träumende Seele

Die Träumende Seele ist tolerant und nicht nachtragend und sieht ihren Partner häufig durch die rosarote Brille, was ein Problem darstellen kann, da es in einer Beziehung zumindest einen realistischeren Partner geben muss. Diese Seele erlaubt, dass man sie ausnutzt, allerdings nur, wenn sie es freiwillig zulässt. Sie ist selten unzufrieden, hofft immer auf eine Verbesserung der Lage und sehnt sich nach einem Ritter in schimmernder Rüstung oder einer Prinzessin, mit dem oder der sie wie im Märchen glücklich zusammenleben kann.

Gefahren: Sie ist enttäuscht von ihrem Partner, wenn sie die rosarote Brille absetzt; sie sieht die Dinge nicht immer so, wie sie wirklich sind; sie nimmt an, dass alle so denken wie sie.

Das Lied

Die Narzisse, die zu diesem Seelenzeichen gehört, ist Poeticus, und ich finde, sie passt perfekt.

Die Strahlender Stern Seele

Zwei meiner engsten Freundinnen sind Strahlender Stern Seelen, und es hat mein Leben angenehmer – und schwieriger – gemacht, dass es sie gibt. Sie bringen tatsächlich Licht, Freude und Lachen in die Welt. Der Strahlende Stern sucht und braucht viel Aufmerksamkeit, und es ist den meisten von uns nicht immer möglich, sie zufrieden zu stellen. Der Strahlende Stern kann äußerst emotional und verletzt reagieren, wenn er das Gefühl hat, andere vernachlässigen ihn. Sein Ego ist vielleicht seine Achillesferse, da sein Bedürfnis, die Nummer eins zu sein, stärker ist als sein Selbstvertrauen, aber positiv genutzt ist es gerade sein Ego, das ihn vorwärts drängt und zu Höchstleistungen anspornt. Wenn die Strahlender Stern Seele nicht aufpasst, kann der Mangel an innerer Einkehr ihr Wachstum verhindern oder verlangsamen.

Als Feuerzeichen wird er von Emotionen getrieben. Eigensinnig und recht kompromisslos wie alle Feuerzeichen, kann dieses Seelenzeichen dramatisch und energiegeladen sein.

Charakterzüge der Strahlender Stern Seele

Begabt, fröhlich, schlagfertig und clever, aber oft naiv, lässt schwierige Situationen rasch hinter sich, wendig, extrem optimistisch, brillant, intelligent. Mit hohen Grundsätzen, lebhaft und für gewöhnlich glücklich, besitzt er eine göttliche Eigenschaft oder Einzigartigkeit, die man schwer definieren kann. Er tut sich in jedem Beruf, den er wählt, hervor, ist häufig bekannt – sogar berühmt –, und viele Strahlende Sterne lieben es, selbst bei unbedeutenden Ereignissen die erste Geige zu spielen. Sie haben eine Neigung zu Astronomie, Astrologie oder anderen Themen, die mit den Planeten zusammenhängen.

Häufig attraktiv, sogar schön und extrem individualistisch können Strahlende Sterne so dramatisch sein, dass andere ihr Verhalten für Theater halten. Besonders viel liegt ihnen an ihrem guten Ruf.

Sie haben die Tendenz, Probleme zu umkreisen, um sie zu lösen, sind oft ausschweifend und kommen nicht schnell zum Punkt. Dieses Seelenzeichen ist Entertainer, guter Gastgeber, hat viel Sinn für Humor, ist egozentrisch, muss gemocht oder geliebt werden und spüren, dass es etwas Besonderes ist. Für gewöhnlich mangelt es ihm an Einsicht, und oft lässt es sich von seinen eigenen Aktionen verwirren. Es ist leicht emotional verletzt und neigt dazu, alles persönlich zu nehmen.

Beziehungen und die Strahlender Stern Seele

Diese Seele braucht einen Partner mit ruhiger Selbstsicherheit und Gelassenheit, dem es nichts ausmacht, im Hintergrund zu bleiben, und der sich durch die starke Persönlichkeit seines Partners nicht bedroht fühlt. In der Liebe ist dieses Seelenzeichen leidenschaftlich, braucht jedoch eine Weile, um sich auf jemanden einzulassen. Sie ist leicht zu beeindrucken und ist gerne von schönen, intelligenten Menschen umgeben, verwechselt Intelligenz aber häufig mit Aufrichtigkeit und Fürsorge. Da er von Emotionen getrieben wird, kann der Strahlende Stern heftigen Stimmungsschwankungen unterliegen, und die emotionalen Hochs und Tiefs können für den Partner anstrengend sein – aber auch aufregend und anregend.

Gefahren: Zu kontrollsüchtig und zu dramatisch, um ernst genommen zu werden; fordernd und ziemlich bedürftig, daher manchmal blind für die Bedürfnisse anderer; will, dass alles nach seinem Kopf geht.

Das Lied der Strahlender Stern Seele

Der Strahlende Stern, ein Feuerzeichen, wird mit der kurzblättrigen Narzisse verglichen, und man sieht sofort, wie gut der Vergleich passt. Die ungefüllte, einzelne Blüte, sternförmig und goldgelb, mit roter Mitte, schreit ebenso wie der Strahlende Stern nach Aufmerksamkeit.

Und jetzt kommen wir zu den Erdzeichen: der Jäger Seele, der Visionär Seele und der Krieger Seele. Unser Lied sagt uns, dass ihre Blumen die Triandrus, die gefüllte Narzisse und die Osterglocke sind.

Die Jäger Seele

Die Jäger Seele kann eine herausfordernde und wirklich inspirierende Persönlichkeit sein, die sich aktiv um das, was sie erreichen will, bemüht. Sie ist entschlossen zu siegen, kann jedoch manchmal unabsichtlich äußerst anstrengend und schädlich für die Menschen in ihrer Umgebung sein. Wie bei den anderen Seelentypen auch können ihre Charakterzüge negativ wie positiv gelebt werden. Die Jäger Seele ist auf jeden Fall eine der stärksten Seelen in unserem Cluster, weil sie nicht nur ihre eigenen Begabungen zur höchsten Entfaltung bringt, sondern auch, wenn in etwas geringerem Umfang, die anderen Seelentypen dazu bringt.

Der Jäger gehört zur Energiegruppe der Erde und wird zur Handlung getrieben von seinem Bedürfnis zu agieren, zu planen und Strategien zu entwickeln. Wenn der Jäger seine

Energie in negativer Weise benutzt, haben wir es mit einem der schwierigsten und aggressivsten Seelenzeichen zu tun. Nutzt er sie jedoch positiv, so wird er zu einem der produktivsten Seelenzeichen – kreativ, energiegeladen und kraftvoll.

Die Charakterzüge der Jäger Seele

Verfolgt Ziele, handelt, ist kenntnisreich, kompetent, geduldig, wenn es um seine eigenen Bedürfnisse geht. Beutet er Menschen und Situationen aus, oder ist er nur ein geschickter Verfechter seiner eigenen Ziele? Er neigt dazu, seine Wut zu unterdrücken, kann dann aber plötzlich explodieren. Hat möglicherweise Probleme in persönlichen Beziehungen und teilt nicht gerne. Ist gerne mit Freunden gleichen Geschlechts zusammen, mag physische Aktivitäten, ist gerne aktiv und oft sportlich, hält sich gerne draußen auf und mag für gewöhnlich Tiere, da er mit ihnen besser zurechtkommt als mit Menschen. Behält Menschen und Situationen im Auge.

Wenn es ihm wichtig ist, ist der Jäger ein guter Versorger, Denker und Planer, ehrgeizig und getrieben, kann jedoch auch sehr selbstherrlich, selbstbezogen, tyrannisch und fordernd sein. Hat ausgeprägte Instinkte, macht Beute, zieht anderen Seelen unbewusst die Energie ab und verwendet sie für sich. Bedürftig, begehrlich, kann extrem selbstsüchtig sein, ohne es zu merken, ein Besserwisser, stolz, wird oft von anderen für arrogant gehalten, ein Einzelgänger, obwohl er Einsamkeit eigentlich hasst, um sich selbst kreisend. Hat eine aufbrausende Persönlichkeit, nicht immer gute Laune, aber Sinn für Humor, ist leicht frustriert. Hat zwei Seiten: Auf der einen Seite hat er gerne die Kontrolle über Menschen und Situationen, kann jedoch auch überraschend unglaublich nett sein. Verlangt ständig Anerkennung selbst für die kleinste gute Tat.

Beziehungen und die Jäger Seele

Zu Beginn jeder Beziehung bemüht sich die Jäger Seele sehr, sich nur von ihrer besten Seite zu zeigen: charmant, freundlich, interessiert und umsichtig. Auf Dauer hält sie das jedoch nicht durch und muss ständig daran erinnert werden, dass auch die Bedürfnisse anderer wichtig sind. Schon bald wird ihre selbstsüchtige Seite zum Vorschein kommen. Diese Seele braucht einen Partner mit einer starken, aber eher passiven Natur, der bereit ist, sie zu ermutigen und zu bewundern und ihr Ego zu streicheln.

Gefahren: Der Jäger ignoriert die Bedürfnisse anderer, und es fällt ihm schwer zu teilen. Diese Seele ist sehr auf sich und ihre Bedürfnisse bezogen, oft (und ganz bestimmt unabsichtlich) auf Kosten anderer. Allerdings ist sie fähig, für die Rechte anderer einzutreten, solange auch ein persönliches Interesse daran besteht.

Das Lied der Jäger Seele

Die Jäger Seele, ein Erdzeichen, wird mit der Triandrus Narzisse verglichen. In unserem Lied heißt es »weiß und rein«, was auf die guten Absichten dieser Seele hinweist. Das Blütenköpfchen dieser Blume hängt nach unten, was mich an den Kampf der Jäger Seele, in ihr Innerstes zu blicken, erinnert. Eine wirklich schöne Blume, die das Potenzial des Jägers zeigt, und uns darauf hinweist, dass die Jäger Seele eine der stärksten und entschlossensten in unserem Seelencluster ist.

Die Visionär Seele

Eine Visionär Seele ist der beste Freund. Loyal und besorgt, ergreift sie auch dann die Initiative und ruft an, wenn Sie sie vernachlässigt haben. Deshalb wird sie häufig ausgenutzt, und wir können sie durch gedankenlose Unsensibilität oder Vernachlässigung extrem verletzen. Eine solche Seele ist jedoch nicht nachtragend und verzeiht immer wieder. Ich habe das Glück, eine Visionär Seele zur Tochter zu haben.

Der Visionär wird durch Planung, Strategien und das Bedürfnis zu handeln getrieben, wie alle Erdzeichen; allerdings sind diese Merkmale beim Visionär nicht so offensichtlich wie bei den anderen Seelen in dieser Gruppe, obwohl sie genauso stark sind.

Charakterzüge der Visionär Seele

Gute Instinkte, vertrauen jedoch nicht ohne weiteres auf ihre Instinkte und die der anderen, intuitiv, verständnisvoll, empathisch, sind gute Heiler. Spirituell, verbunden mit ihrer Seele, neugierig, in einem unbewussten Zustand der Bewusstheit, klug, intelligent, vernunftbegabt und vernünftig. Der Visionär sieht sehr viel und hat manchmal Einsichten, die ihn selber überraschen. Sehr aufnahmefähig, gute Menschenkenntnis, allerdings nicht immer praktisch und hat eine Neigung zu Tagträumen. Hat bemerkenswerte Phantasie, kann unrealistisch sein, hat die Tendenz, schwierigen Situationen auszuweichen, wird aber letztendlich Entscheidungen treffen und handeln, wenn es nötig ist.

Die Visionär Seele ist ein Denker, sehr moralisch, hat einen wachen Verstand und viel gesunden Menschenverstand, den sie jedoch bei sich selber nicht immer anwendet. Sie ist ein

Planer, spekulativ, fragend. Sieht ihre eigene Lebenssituation oft negativ und neigt gelegentlich zu Depressionen, verliert jedoch andererseits nie die Hoffnung, baut gern Luftschlösser und steht nicht immer mit beiden Beinen auf der Erde. Visionäre beschützen ihre Familie, Freunde und Kollegen. Sie spüren den emotionalen und geistigen Zustand anderer und geben wirklich konstruktive Ratschläge, die sie für sich selber nicht immer annehmen. Ein Visionär ist in der Lage, die meisten Situationen sehr objektiv zu beurteilen. Mit Geld kann er nicht immer gut umgehen und hat oft finanzielle Schwierigkeiten.

Beziehungen und die Visionär Seele

Ein Visionär braucht einen Partner, der mit beiden Beinen auf der Erde steht. Er möchte beschützt werden und fühlt sich in ungewissen Situationen sehr verletzlich. Er hasst es, kontrolliert zu werden, berührt gern und ist liebevoll, aber schnell misstrauisch. Er schafft ein schönes Zuhause und sorgt mit Planung und Strategie für eine perfekte Umgebung.

Gefahren: Er erlaubt einem starken Partner möglicherweise, seine Instinkte zu unterdrücken; kann nicht gut mit Geld umgehen und neigt dazu, zu viel auszugeben; muss emotional ständig bestärkt werden, was für eine Beziehung anstrengend sein kann.

Das Lied der Visionär Seele

Die Visionär Seele, ein Erdzeichen, gehört zur gefüllten Narzisse. Die Schönheit dieser Blüte ist bezaubernd, und ich bin zugleich von Dankbarkeit und Entzücken erfüllt, an das

Potenzial der Seele meines eigenen Kindes erinnert zu werden. Mit einer oder mehreren Blüten am Stängel zeigt diese Blume die end- und zeitlose Natur der Wachstumsmöglichkeiten der Visionär Seele.

Die Krieger Seele

Die Krieger-Persönlichkeit ragt im Allgemeinen heraus und kann manchmal als einschüchternd empfunden werden. Oft in vorderster Front, stark, stetig und äußerst zuverlässig, kann man sich bei einem Streit niemand Besseren an seiner Seite wünschen. Der Krieger bringt in jede Situation eine gute Portion gesunden Menschenverstand und handelt, wenn andere Angst haben oder unsicher sind.

Der Hang zum Planen, Handeln und Strategien entwickeln ist beim Krieger deutlich ausgeprägt. Da ich selber eine Krieger Seele bin, weiß ich aus erster Hand, wie fordernd ein unreifer Krieger sein kann, vor allem wenn es um die Definition von richtigem Verhalten geht. In der Reife lernt der Krieger, dass er nur sein eigenes Verhalten kontrollieren kann und dass die Entscheidung, was für andere richtig oder falsch ist, nicht bei ihm liegt – eine schwere Lektion, aber eine, die er lernen sollte.

Charakterzüge der Krieger Seele

Kämpferisch, mutig, grübelt viel und setzt sich oft erst innerlich mit Problemen auseinander, ehe er sie angeht. Gibt nicht auf, wartet und beobachtet wie ein Raubvogel. Kann unter Umständen die harte Linie vertreten. Ist sehr professionell, führt gelegentlich Kreuzzüge und kümmert sich um das Gemeinwohl. Umsichtig, abenteuerlustig, scheut den Kampf nicht, ein guter Stratege. Der Erste, der sich freiwillig einer guten Sache verschreibt. Ein Pfadfinder, ein Soldat, liebt Ordnung, arbeitet hart und besitzt viel Energie, allerdings nicht zwangsläufig körperlich. Hat oft großes Vertrauen in Gott und/oder zu sich selbst.

Die Krieger Seele ist präzise, methodisch, neugierig, sorgfältig, genau, anspruchsvoll, bevormundet andere gerne. Kann heikel, streng, gründlich und pedantisch sein, was manchmal anstrengend ist. Beschützt die Familie und alle vom Schicksal Benachteiligten. Besitzt einen angeborenen Sinn für Fairness und Aufrichtigkeit und hat keine Angst davor, in der Schlacht verletzt zu werden. Hat einen ausgeprägten Gerechtigkeitssinn und hasst Gemeinheit. Entschlossen, aggressiv wenn nötig, ein guter Vermittler. Freimütig, aufmerksam, intelligent und ernsthaft, selbst in seinem Humor. Sehr mit seinem Wachstum beschäftigt. Ein wahrer Krieger ist kein Streithammel oder Angeber, sondern sehr wissend.

Beziehungen und die Krieger Seele

Die Krieger Seele liebt Gesellschaft und ist im Allgemeinen sehr sozial. Sie hält jedoch ihre innersten Gefühle zurück, bis sich Vertrauen aufgebaut hat. Sie liebt ihr Zuhause, und ihre Familie ist ihre absolute Priorität. Persönliche Beziehungen sind wichtig und basieren auf Vertrauen. Diese Seele braucht einen Partner, der loyal, ausgeglichen und selbstsicher ist – er muss die Verletzlichkeit des Kriegers verstehen und schützen.

Gefahren: Der Krieger ist zu kontrollierend und glaubt, er wisse am besten, was für andere gut ist; zu starr in seinen Forderungen nach dem »richtigen« Verhalten.

Das Lied der Krieger Seele

Die Krieger Seele wird mit der Osterglocke in Verbindung gebracht: groß, stark und stolz. Sie steht da, wie wir uns die Haltung eines Kriegers vorstellen würden. Die Blüte zeigt, was in der Reife möglich ist. Das Potenzial des Kriegers ist erstaunlich, und so ist auch die Energie dieser Narzissenart stark, klar und bei aller Zartheit unverwüstlich.

Jetzt kommen wir zu den Luftzeichen: Die Reisende Seele, die Prophet Seele und die Neugeborenen Seele.

Die Reisende Seele

Da ich, vor einer Ewigkeit, wie es mir jetzt vorkommt, mit einer Reisenden Seele verheiratet war, weiß ich aus eigener Erfahrung um die negativen und positiven Eigenschaften dieses Seelenzeichens. Der Reisende hat große Probleme mit persönlichen Verpflichtungen, und seine Angst, das Gras könnte auf der anderen Seite des Zauns grüner sein, kann so extrem werden, dass er nicht sieht, was genau vor seiner Nase liegt, und den Vorteil des Augenblicks verpasst. Alter und Erfahrung können das ändern, und dann wird sich der Reisende auch bereitwilliger binden und sich um die Beziehung bemühen. Arbeit und Karriere sind ihm wichtig, und in diesen Bereichen ist die Reisende Seele auch viel entschiedener und im Allgemeinen erfolgreich.

Da der Reisende zu der Energiegruppe der Luft gehört, wird er durch das Bedürfnis, Frustration oder Druck zu begegnen, zum Handeln getrieben, und er ist in der Luftgruppe auch derjenige, der seine Frustration gegebenenfalls am deutlichsten zum Ausdruck bringt – was nicht zwangsläufig schlecht sein muss, vor allem, wenn sie nicht zu aggressiv ausgedrückt wird; aber wie bei allen Luftzeichen wird man auch beim Reisenden lange warten müssen, ehe man seine aggressive Seite kennen lernt.

Charakterzüge der Reisenden Seele

Ein Forscher, ein guter Geschichtenerzähler, ein Träumer und vielleicht auch jemand, der tatsächlich fremde Länder bereist und erkundet. Hat die Tendenz, emotionale Themen zu meiden und den Kopf in den Sand zu stecken, in der Hoffnung, dass die Probleme dann einfach verschwinden. Ist intuitiv und häufig empfänglich für übersinnliche Phänomene. Mag Filme, weil Filme ihn in eine andere Dimension und an andere Orte versetzen, häufig, aber nicht immer mag er auch Literatur und Gedichte. In gewissen, selbst gewählten Bereichen äußerst kenntnisreich, kann sehr wissbegierig sein, bleibt jedoch außer bei der Arbeit, wenn er beeindrucken will, nicht lange bei einem Thema. Wäre ein guter Verkäufer.

Die Reisende Seele ist ein Verführer, kann sehr romantisch sein, aber auch unbeständig, vor allem in der Jugend. Ist gerne aktiv, immer in Bewegung. Sucht ständig den Kick, häusliche Bequemlichkeit ist ihm nicht so wichtig, es sei denn als Statussymbol. Ist sowohl körperlich als auch geistig ein Wanderer. Ein guter Kommunikator, ein Nonkonformist, mehr an der Welt und ihren Ereignissen interessiert als an dem, was um ihn herum passiert; blickt immer nach außen, selten nach innen, sammelt Fakten, selbst triviale. Immer auf der Suche nach dem nächsten neuen Ding, selten langweilig, mit viel Sinn für Humor, im Allgemeinen unbeschwert und tolerant, passiv, bläst sich jedoch auf, wenn er sich bedrängt fühlt.

Beziehungen und die Reisende Seele

Der Reisende verliebt sich gerne, aber wenn die erste Hochphase vorbei ist, verliebt er sich auch gerne neu. Neigt zum Heiraten, da er sehr romantisch ist, geht unter Umständen aber mehrere Ehen ein, um viele verschiedene Beziehungen auszuprobieren. Mag Familie und Kinder, scheut aber vor Verantwortung und Verpflichtung zurück. Braucht einen unabhängigen Partner, dem sein Flirtverhalten nichts ausmacht. In reiferen Jahren, Mitte, Ende vierzig oder fünfzig, wird er meistens ruhiger und kann die Verantwortung, die er in der Jugend gemieden hat, besser akzeptieren.

Gefahren: Unabsichtlich unsensibel gegenüber den Gefühlen des Partners; lehnt emotionale Themen ab; glaubt, woanders sei das Gras grüner, was, wie wir wissen, oft nicht stimmt.

Lied der Reisenden Seele

Die Reisende Seele, ein Luftzeichen, wird in Verbindung mit der facettenreichen Narzisse gebracht, die alle die Blüten umfasst, die zu den anderen Arten nicht richtig passen. Eine Mischung aus zarten und perfekten Blumen spricht für die Seele des Reisenden. Ein Nomade, ein Nonkonformist, außergewöhnlich und besonders; »atemberaubend« heißt es in unserem Lied, und das stimmt tatsächlich.

Die Prophet Seele

Der Prophet ist vielleicht das sanfteste Seelenzeichen, mit guten Absichten jedem gegenüber. Sehr vertrauensvoll, was leicht zu persönlichen Enttäuschungen führen kann. Selbstlos bis zur Selbstaufgabe und passiv von Natur aus, reagiert eine Prophet Seele nur selten aggressiv – wenn sie es jedoch tut, dann passen Sie auf. Der Prophet ist eine jener Seelen, die wir brauchen, wenn wir krank oder verletzt sind, weil sie unermüdlich für das Wohl anderer arbeiten.

Da er zur Energiegruppe der Luft gehört, wird der Prophet nur durch Frustration oder Unterdrückung zum Handeln getrieben. Im Gegensatz zu den beiden anderen Zeichen in dieser Gruppe kann er aber, wenn es denn soweit kommt, mit Aggression oder Frustration ruhiger und ausgewogener umgehen.

Charakterzüge der Prophet Seele

Hat einen angeborenen Glauben an Gott, ein inneres Wissen und eine wirkliche Verbindung zu seinem geistigen Selbst. Vertritt gerne eine gute Sache. Ist ein guter Dolmetscher, sehr sensibel, intuitiv, fürsorglich; sorgt sich um andere und die Welt mehr als um sich selber. Vorausschauend, mit einer stillen, manchmal sogar mystischen Seite, erspürt die Gefühle anderer Menschen. Ist ein guter Heiler, ein Arzt oder eine Krankenschwester. Hat die Neigung, karitativ zu arbeiten, auch wenn es nur Teilzeit oder auf freiwilliger Basis ist. Liebt Tiere und könnte gut Tierarzt, Bauer oder Tierpfleger sein.

Die Prophet Seele sucht Weisheit, ist aber nicht zwangsläufig weise; sie mag Bücher, aus denen man etwas lernen kann. Kann sehr eigensinnig sein. Sehr vertrauensvoll und zugänglich für andere, oft so sehr, dass sie sich in ihrer Gutwilligkeit missbrauchen lässt. Wahrheitsliebend, aufrichtig, manchmal ein wenig schrullig, ein großer Denker, aber nicht unbedingt ein Macher. Kann in seiner Vertrauensseligkeit ein wenig naiv sein. Liebt Kinder und findet es oft leichter, mit ihnen zu kommunizieren als mit Erwachsenen. Kann ein Einzelgänger sein und ist oft einsam, geht zwar auf andere zu, aber auf eine sehr stille Art, ist familienorientiert, im Allgemeinen zufrieden mit dem Leben und in der Lage, selbst aus den schlimmsten Situationen das Beste zu machen.

Beziehungen und die Prophet Seele

Die Familie ist das Wichtigste für den Propheten. Er braucht einen Partner, der ebenso familienorientiert ist wie er selbst. Der Partner sollte vielleicht ein wenig kontaktfreudiger und geselliger, aber nicht zu quirlig sein.

Gefahren: Fühlt sich zu den Bedürftigen, oder wie wir vielleicht sagen würden, problembeladenen Seelen hingezogen. Eine Rückblickende Seele würde sich vielleicht zum Propheten hingezogen fühlen, aber das ist eine gefährliche Mischung für beide, da der Prophet zu seinem eigenen Schaden geben, und der Rückblickende unwissentlich ebenfalls zu seinem eigenen Schaden nehmen würde.

Lied der Prophet Seele

Die Prophet Seele, ein Luftzeichen, passt zu der Tazetten-Narzisse, und mein Herz singt, wenn ich mir vorstelle, dass es so wundervolle Seelen in unserem Seelencluster gibt. Diese blassgelben oder cremefarbenen Blüten mit dem dunkleren gelben Herzen sprechen mit ihrem wunderbaren Duft von Vertrauen und Aufrichtigkeit. Und sie zeigen die Prophet Seele so, wie sie wirklich ist: in sich ruhend und vielleicht ein wenig exzentrisch.

◉ *Die Neugeborenen Seele*

Die Neugeborenen Seele gehört zu meinen persönlichen Favoriten. Wenn Sie jemanden mit diesem Seelenzeichen kennen, dann werden Sie sofort wissen, was ich meine. Man muss unwillkürlich lächeln, wenn man an eine solche Person denkt. Die Neugeborenen Seele ist sehr tolerant, akzeptiert andere und gibt normalerweise jedem eine Chance. Der Neugeborene ist ein klares, sehr positives Luftzeichen.

Die Neugeborenen Seele ist nicht ohne weiteres umzupusten, und steht für sich ein, wenn es sein muss. Allerdings ist sie dabei äußerst liebenswert und im Allgemeinen verträglich.

Charakterzüge der Neugeborenen Seele

Naiv, leicht zu durchschauen, leicht zu beeinflussen, wissbegierig und neugierig, dabei aber sehr angenehm im Umgang. Interessiert und lebendig, kann nur schwer Geheimnisse für sich behalten. Neigt zu Klatsch, aber ohne jede Gemeinheit oder böse Absicht. Erfinderisch, neugierig, kann manchmal unabsichtlich unsensibel sein. In mancher Hinsicht scheinbar unreif, kann jedoch innovativ und originell sein. Möchte immer auf dem neuesten Stand sein – künstlerisch und kreativ. Ist gerne Trendsetter. Ist manchmal ein wenig schwer von Begriff, im Umgang mit anderen meist konstruktiv.

Die Neugeborenen Seele kann ziemlich emotional sein. Sie ist nonkonformistisch, unschuldig, offen, nachgiebig; amateurhaft, jugendlich, mutwillig; sanft, sensibel, mag Menschen, liebt die Natur und hat nur wenige Abneigungen. Hat die Tendenz, zu vertrauensselig zu sein. Schließt leicht Freundschaften und pflegt sie auch. Macht anderen gern eine Freude und passt sich den meisten Situationen mit Leichtigkeit an. Möchte gern dazugehören und ist leicht zu erfreuen. Kann sich selber gegenüber sehr nachgiebig sein, vor allem, was Essen oder Trinken angeht. Ist zu aggressivem Handeln fähig, aber nur, wenn sie dazu getrieben wird.

Beziehungen und die Neugeborenen Seele

Diese Seele ist äußerst unbekümmert, was für manche andere Seelenzeichen, die mit ihr zusammen sind, ein Problem sein kann. Es fällt ihr manchmal schwer, Entscheidungen, vor allem wichtige, zu treffen, und häufig unterwirft sie sich einem stärkeren Partner. Sie ist impulsiv und verliebt sich schnell, hält aber lange an einer Beziehung fest. Äußerst loyal und liebevoll, kann jedoch auf manche Seelen in ihrer Naivität irritierend wirken. Kann sich selbst über die kleinsten Dinge freuen. Liebt Kinder und Tiere.

Gefahren: Passt nicht auf und lässt sich von ihren eigenen Aktivitäten mitreißen; in ihrem Wunsch, von anderen gemocht zu werden und alle zu mögen, kann die Neugeborenen Seele ihre Instinkte ignorieren und den Charakter anderer Menschen falsch beurteilen.

Das Lied der Neugeborenen Seele

Die Neugeborenen Seele wird verglichen mit der prachtvollen doppelblütigen Narzisse. Sie ist perfekt für unsere Neugeborenen Seele – offen, herzlich und freundlich. Die Farben Gelb und Orange sprechen vom Licht und der Freude des Seelenzeichens.

Die vierte Gruppe enthält unsere Wasserzeichen: Die Sucher Seele, die Friedensmacher Seele und die Alte Seele. Das Lied sagt uns, dass ihre Blumen das Bulbocodium, die Jonquilla und die langblättrige Narzisse sind.

Die Sucher Seele

Es kann schwierig sein, eine Sucher Seele wirklich kennen zu lernen, da es in ihrem Inneren so vieles gibt, das sie nicht gerne offenbart. Dieses Seelenzeichen ist eine Bereicherung für jede Party, da Menschen mit Sucher Seele viel zu sagen haben und meist gut informiert sind.

Der Sucher, aus der Energiegruppe des Wassers, wird angetrieben durch ein Bedürfnis abzuwägen und Kompromisse zu finden. Für gewöhnlich tut ein Sucher, was er will, aber er wird trotzdem versuchen, eine Situation objektiv zu beurteilen und einen Kompromiss mit anderen zu finden. Er nimmt gern und ist auch durchaus in der Lage, seine Handlungen zu rechtfertigen, ist aber auf der anderen Seite auch bereit, seinerseits wieder etwas zurückzugeben.

Charakterzüge der Sucher Seele

Wissbegierig, probiert gern Neues aus, hat keine Angst, Fragen zu stellen oder Neugier zu zeigen. Kann häufig unsicher sein, zeigt es jedoch nicht. Kann Probleme mit geringem Selbstwertgefühl haben. Hat Grundsätze, ist sehr beherrscht, kann emotions- und leidenschaftslos wirken, auch distanziert, bewahrt aber meistens nur einen kühlen Kopf. Äußerst introspektiv, kann innerlich anderen sehr kritisch gegenüberstehen. Rational, intuitiv, konzeptionell, abwägend, kann streitsüchtig und aggressiv sein, wenn er in die Ecke gedrängt wird. Geistig beweglich, häufig idealistisch, experimentiert gerne. Fleißig, liebt Herausforderungen. Kann gut Kompromisse schließen. Liebt Bücher und Musik, Filme und die Schönen Künste, liebt Gesellschaft.

Der Sucher kann die Handlungen anderer infrage stellen und neigt zur Selbstgerechtigkeit. Eignet sich gerne das Wissen anderer an. Sieht sich selbst als Philosoph, wäre ein guter Lehrer, kommt jedoch seinen Schülern emotional nicht nahe. Kann sich zwar gut ausdrücken und Wissen kommunizieren, findet es manchmal jedoch schwierig, persönliche Gefühle zu vermitteln. Betrachtet sich selbst als Intellektuellen und ist gerne mit ernsthaften, intelligenten Menschen zusammen. Für gewöhnlich kennt er viele Leute und hat viele Bekannte, aber nur wenige enge Freunde. Ist er noch unreif, neigt der Sucher dazu, Menschen und Situationen zu seinem Vorteil auszunutzen, manchmal ohne jegliche Rücksicht auf die Gefühle anderer. Mit dem persönlichen Reifeprozess ändert sich dies.

Beziehungen und die Sucher Seele

Enge Beziehungen jagen dem Sucher, der selten den ersten Schritt macht, Angst ein. Am besten ist für ihn ein stiller, entschlossener Seelentyp, der mit seinem Intellekt den Weg zu seinem Herzen findet. Ist er erst einmal gebunden, nimmt der Sucher seine Rolle ernst und gibt einen guten Partner ab.

Gefahren: Seine Zurückhaltung kann in Distanziertheit oder Reserviertheit umschlagen. Das ändert sich mit zunehmender Reife, aber es kostet dieses Seelenzeichen große Mühe.

Das Lied der Sucher Seele

Die Sucher Seele, ein Wasserzeichen, wird mit dem Bulbocodium in Verbindung gebracht, und wie diese Blume mit ihren wilden Varianten und Hybriden wird auch die Sucher Seele als »selten und wild« bezeichnet. Die Blüte zeigt, wie groß das Bedürfnis dieser Seele ist, sich abzusondern, anders zu sein, zu suchen. Und doch hat auch sie das Bedürfnis, zu unserem Garten der Seelen zu gehören.

Die Friedensmacher Seele

Wenn Sie einen Freund haben, den Sie am liebsten schütteln würden, weil er viel zu lieb und nett ist und viel zu oft ausgenutzt wird, dann könnte das ein Friedensmacher sein. Einer meiner Schüler kommt mir in den Sinn, während ich das schreibe. Wir sprachen vor ein paar Tagen in meinem Seminar über Egoismus, und dass es in Ordnung ist, ab und zu egoistisch zu sein, solange es nicht auf Kosten anderer geht. Der Friedensmacher Seele fällt es jedoch sehr schwer, egoistisch zu sein. Sie hat das Bedürfnis, ständig Kompromisse zu schließen, was für die, die sie lieben, irritierend und frustrierend sein kann. Außerdem fällt es anderen, auch gutmeinenden Mitmenschen, leicht, diese Seele auszunutzen. Man sollte diese Seele jedoch nicht unterschätzen, denn wenn man sie wirklich in die Ecke drängt, zeigt selbst die Friedensmacher Seele ihre Zähne, wenn vielleicht auch nur für einen Moment lang.

Der Friedensmacher, der zur Energiegruppe des Wassers gehört, sucht die Harmonie mit anderen. Er sichert sich immer nach allen Seiten ab und will immer das Richtige tun, auch wenn er dabei zu kurz kommt.

Charakterzüge der Friedensmacher Seele

Ruhig, gelassen, heiter, abwägend. Hasst Krieg oder Konflikte und tut alles, um Frieden zu halten; manchmal wird dieser Seelentyp sogar zum Märtyrer. Er glaubt an freie Meinungsäußerung und kann für seine Überzeugung auf die Straße gehen; trotzdem schließt er immer Kompromisse. Sehr freundlich, aber auch sehr schüchtern, versöhnlich; hat das Bedürfnis, dazuzugehören. Ist ein guter Vermittler und Verhandler, ein Moderator – auch als Therapeut oder Berater wäre er großartig. Er ist Pazifist und könnte gut in die Entwicklungshilfe gehen.

Die Friedensmacher Seele muss geben und nehmen – sie muss Ausgleich schaffen. Sie hat das Bedürfnis, Gegensätze zu versöhnen. Sie ist sehr diplomatisch und gibt im Allgemeinen gute Ratschläge. Sie eignet sich auch sehr gut als Schlichter oder Eheberater. Sie ist ein hervorragender Rhetoriker und sehr gut in der Öffentlichkeitsarbeit. Sie hat eine Tendenz zu Vorurteilen, kann aber auch sensibel, sanft, besorgt und fürsorglich sein. Sie vertraut und ist selbst auch vertrauenswürdig, wobei sie sich um richtig oder falsch nicht kümmert. Sie besitzt einen höheren Sinn für Wahrheit, ist selbstlos bis zur Selbstaufgabe. Sie hat Sinn für Humor, kann sehr kreativ sein, liebt Musik und Bücher. Sie hat ein gutes Gedächtnis, vor allem wenn es darum geht, sich an Namen von Menschen und an Situationen zu erinnern.

Beziehungen und die Friedensmacher Seele

Als Gefährte sucht der Friedensmacher jemanden, der sensibel ist und sich mit ihm auf einer Wellenlänge befindet. Streitsüchtige oder distanzierte Personen braucht er nicht, fühlt sich jedoch oft zu ihnen hingezogen, da sie ihn als Moderator schätzen. Er braucht einen aufrichtigen Partner mit viel Sinn für Fairness.

Gefahren: Er wird häufig als Schachfigur in den Auseinandersetzungen anderer Leute missbraucht. Da er erwartet, dass andere die gleichen Wertvorstellungen haben wie er, führt das zu Enttäuschungen; er wird als Fußabtreter benutzt.

Das Lied der Friedensmacher Seele

Der Friedensmacher wird mit der Jonquilla verglichen, die umgangssprachlich als Aufgehender Stern bezeichnet wird. Die Jonquilla gehört zu den beliebtesten Narzissen, was gut zur Friedensmacher Seele passt.

Die Alte Seele

Ich glaube, die meisten von uns haben an irgendeinem Punkt in ihrem Leben schon einmal mit einer Alten Seele zu tun gehabt. Sie ist ziemlich leicht zu erkennen, für gewöhnlich kompromissbereit und bereit zuzuhören. Die Alte Seele strahlt ein stilles Wissen aus, das diejenigen anzieht, die handfeste Ratschläge brauchen. In Krisenzeiten kann man sich auf eine Alte Seele immer verlassen.

Die Alte Seele, von der Energiegruppe des Wassers, wird von einer Energie angetrieben, die sie dazu bringt, abzuwägen und Kompromisse zu schließen, oft unter extremen Bedingungen. Manchmal behindern sich diese Seelen selbst und erstarren förmlich in ihrer eigenen Entschlusslosigkeit. Ich habe eine gute Freundin, die ganz deutlich ein Wasserzeichen ist, und ihr Verhalten spricht Bände. Wenn ich sie schon sagen höre, »Soll ich oder soll ich nicht? Ich kann mich gar nicht entscheiden … Wenn ich das tue …«, dann muss ich lachen. Meistens stimmt sie dann in mein Lachen ein.

Charakterzüge der Alten Seele

Kenntnisreich, erfahren, spirituell, fortgeschritten. Kann konservativ sein, schätzt Tradition. Offen, sehr loyal, kann in vielem sehr tolerant sein, manchmal überraschenderweise aber auch intolerant und kritisch. Ist ein Gewohnheitstier. Ist auf die meisten Dinge vorbereitet, bedenkt und wägt ab. Milde, weise, mag Gesellschaft, ist aber auch gern alleine. Scheinbar widersprüchlich von Natur aus; liebt Ordnung, selbst im Chaos; ist kompromissbereit und doch kompromisslos, was das nach ihrer Ansicht richtige Handeln angeht; ist vernünftig, bodenständig, für gewöhnlich geduldig, wird jedoch ungeduldig, wenn sie etwas als trivial, unaufrichtig oder unfair empfindet.

Die Alte Seele kann sich an jedem Gespräch beteiligen, ist an den meisten Themen interessiert und ein guter Zuhörer. Sie braucht eine Zeit lang, bis sie Freundschaften schließt. Erlerntes Wissen kann dem Instinkt manchmal in die Quere kommen. Eine Person, bei der die Leute Rat suchen. Äußerst entschlossen und fleißig, sucht den Konflikt nicht, setzt sich jedoch zur Wehr, wenn sie angegriffen wird, kämpft allerdings bereitwilliger für die Rechte anderer als für ihre eigenen. Hasst Ungerechtigkeit, beschützt ihre Familie und enge Freunde. Kann sehr fordernd sein, wenn sie von anderen korrektes Verhalten verlangt. Kümmert sich nicht um Kleinigkeiten, sondern eher um die komplexeren, größeren Probleme. Kommt mit Jung und Alt gleichermaßen gut aus.

Beziehungen und die Alte Seele

Die Alte Seele ist extrem unabhängig und in der Lage, alleine zu leben, ist jedoch gerne in Gesellschaft und lebt deshalb häufig in langfristigen Beziehungen oder einer Ehe. Sie braucht einen loyalen Gefährten mit hohen moralischen Standards. Sie mag Stabilität zu Hause und bei der Arbeit, und deshalb ist wahrscheinlich die Reisender Seele am inkompatibelsten. Eine der kompatibelsten Seelen könnte die Neugeborenen Seele sein – jemand, um den sich die Alte Seele kümmern kann und der eine neue, frische Perspektive bietet, der sich die Alte Seele mit Vergnügen anschließt.

Gefahren: Ist leicht gereizt und ungeduldig; kontrolliert zu stark; leicht frustriert durch dummes oder ignorantes Verhalten; misst andere an ihren eigenen hohen Standards.

Das Lied der Alten Seele

Die Alte Seele wird mit der Langblättrigen Narzisse verglichen, und wenn wir die bemerkenswerte Blüte betrachten, erkennen wir sofort den Wert dieser Seele. Das reine Weiß und das blassrosa Herz zeugen von der Energie der Liebe. Die Blütenblätter sind zurückgebogen und legen das Herz frei, das sich vertrauensvoll und sehr, sehr tapfer präsentiert.

Unsere letzte Gruppe hätten wir lieber nicht in unserem Seelencluster, und sie stammt ganz bestimmt nicht von Gott. Es handelt sich hierbei um jene Seele, von der wir etwas wissen müssen, um uns vor ihr hüten zu können. Betrachten wir also jetzt die Dunkle Seele.

Die Dunkle Seele

Nur wenige Menschen würden sagen, dass sie eine Dunkle Seele kennen, und das ist auch verständlich, da diese Seele so gerissen ist, dass sie ihre Natur hervorragend verbergen kann. Wir sind erst dann in der Lage, sie zu erkennen, wenn ein dunkler Schatten auf uns fällt, und dann ist das Unheil schon geschehen.

Aus der Energiegruppe des Schwefels stammend, wird die Dunkle Seele durch den Einfluss des Bösen angetrieben. Sie will zerstören und vernichten und fühlt sich dabei wohl.

Im Gegensatz zu den anderen vier Energiegruppen, die jeweils drei sehr individuelle Seelenzeichen enthalten, von denen jedes die gleiche Energie auf andere Weise verwendet, gibt es nur ein Seelenzeichen in der Schwefelgruppe, obwohl man sagen könnte, dass es drei unterschiedliche Ebenen und Typen der Kraft gibt: zwei offensichtliche und extreme und eine weniger offensichtliche. Alle drei Seelen sind dunkel, jedoch mit unterschiedlicher Intensität.

Charakterzüge der Dunklen Seele

Böse, hinterhältig, immer in dunkle Gedanken verstrickt; mürrisch, ärgerlich, ständig schlecht gelaunt. Verstohlen, geheimnisvoll, ohne Licht. Verschlagen, gemein, äußerst rachsüchtig, gerissen, hasserfüllt, verachtet alles Lichte. Lebt auf der dunklen Seite, überlegt ständig nur, wie andere benutzt werden können, völlig selbstbezogen, grausam, hartherzig, missgünstig, unmoralisch. Unzufrieden, aufbrausend. Korrupt.

Die Dunkle Seele kann Gräueltaten begehen, auch wenn ihr nahe stehende Personen davon betroffen sind. Manche dieser Menschen wirken wie gefallene Engel. Die Dunkle Seele ist auf die Erde gekommen, um sich an Korruption und Täuschung zu erfreuen und andere *absichtlich* zu manipulieren, um Licht und Wahrheit zu zerstören und Macht über andere Kreaturen zu haben.

Beziehungen und die Dunkle Seele

Eine Dunkle Seele tarnt sich geschickt und wird dank ihrer Manipulationskünste viele Menschen verführen. Keine Beziehung mit dieser Seele wird andauern, und alle, die sich an sie binden, werden unermesslichen Schaden erleiden. Eine Dunkle Seele verachtet das Licht und sucht nach einer Möglichkeit, es auszulöschen, manchmal, indem sie tötet oder töten lässt.

Gefahren: Die Dunkle Seele gerät in Gefahr, wenn eine helle, reine und gefestigte Seele ihr entgegentritt.

Das Lied der Dunklen Seele

Die Dunkle Seele ist in unseren Strauß wunderschöner Narzissen nicht eingebunden, aber auch sie hat eine Blume, es gibt einen Geist, eine Aura, die diese Seele ausstrahlt. Der Geist der Dunklen Seele ist nicht golden oder strahlend, aber auch sie lebt unter uns und hat, genau wie wir, das Potenzial zu wachsen. Sie kann in unseren Garten eindringen, ohne dass wir es gleich merken. Ihre Blume? Sie werden später davon erfahren.

MIT DEM STROM SCHWIMMEN

Wir wissen jetzt eine ganze Menge über die dreizehn Seelenzeichen. Wir wissen, welche Elementarkräfte sie beeinflussen und antreiben und in welche Gruppe jedes Zeichen gehört. Wir haben ein detailliertes Bild ihrer Charaktereigenschaften und eine allgemeine Vorstellung davon, wie sie sich in Beziehungen verhalten. Und wir sehen, wie die Blüte jeder Seele – außer der Dunklen Seele – in der Natur von einer schönen, einzigartigen Blume verkörpert wird.

All das sollte Ihnen dabei helfen, Ihr eigenes Seelenzeichen herauszufinden. Aber wenn Sie sich nun immer noch nicht sicher sind? Dann wird es Ihnen sicherlich helfen, einen weiteren Aspekt zu betrachten: den Energiefluss. Wenn wir verstehen, wie sich Energie innerhalb und außerhalb der Elementargruppen bewegt, gibt uns das einen zusätzlichen Einblick in jedes Seelenzeichen und unser einzigartiges Schicksal.

Der Energiefluss bestimmt, wie wir denken, wie wir unser Leben sehen, wie wir unsere Erfahrungen machen und mit uns selber umgehen. Die Energie fließt durch uns hindurch, wie ein ständiger elektrischer Strom, sie ist in uns, und wir werden von ihr angetrieben, ob wir es nun wollen oder nicht. Sie ist die Kraft, die unserer Seele Atem und Leben schenkt – sie *ist* unsere Lebenskraft. Wir können versuchen, uns dagegen zu stemmen, oder wir können sie ungehindert fließen lassen.

Wenn wir erst einmal verstanden haben, dass wir diese Kraft besitzen und wie sie funktioniert, können wir sie bewusst und äußerst wirkungsvoll nutzen. Von welcher Energie sprechen wir also, und welche Wirkung haben die drei unterschiedlichen Energiearten auf unsere Seelenzeichen?

In jeder elementaren Energiegruppe verebbt und schwillt die Energie in einer kreisförmigen Bewegung an. Wenn wir uns eine Ultraschallaufnahme von einem Fötus im Mutterleib vorstellen, so sehen wir das Kind umgeben von Flüssigkeit, die es schützt und nährt und so die Entwicklung ermöglicht und fördert. Genauso wird unsere Seele von der Energie umhüllt und geschützt, und diese energetische »Fruchtblase« fördert unsere Entwicklung. Je nachdem, wo wir uns in dieser spirituellen Hülle befinden, haben manche Energieströme mehr Einfluss auf uns als andere. In den äußeren Bereichen fließt die elementare Energie am stärksten, wechselt und verändert sich aber auch am offensichtlichsten, während das Zentrum der Hülle eine dichtere Energie aufweist, die sich scheinbar weniger bewegt.

Und so umfließt in jeder Seelengruppe Energie jedes Seelenzeichen auf eine besondere Weise: In jeder Gruppe haben wir ein Seelenzeichen, das von einer nach innen fließenden oder introvertierten Energie beeinflusst wird; ein weiteres wird von nach außen fließender, oder extrovertierter Energie gespeist, und das letzte von der Zentralenergie, die in beide Richtungen fließen kann.

Wenn wir hier von introvertiert oder extrovertiert sprechen, dürfen wir nicht davon ausgehen, dass auch die Persönlichkeiten so sein müssen – nicht jeder Mensch mit einer introvertierten Energie ist zwangsläufig introvertiert. Wir sprechen hier vom Energiefluss, von der Bewegung und Richtung unseres Energieflusses, der unser Denken und die Art, in der wir handeln, bestimmt.

Ein Seelenzeichen mit einem introvertierten Energiefluss tendiert zu subjektivem Denken. Ein Seelenzeichen mit einer Zentralenergie denkt und argumentiert ausgewogener. Und ein Seelenzeichen mit extrovertiertem Energiefluss tendiert zu objektivem Denken.

Woher wissen wir nun, ob Seelenzeichen einen introvertierten, einen extrovertierten oder einen zentralen Energiefluss haben? Die Aufstellung unten zeigt, wie in jeder der Energiegruppen der Fluss in einem verlässlichen Muster von rechts nach links verläuft.

ENERGIEGRUPPE	INTROVERTIERT	ZENTRAL	EXTROVERTIERT
○ FEUER	*Rückblickender*	*Träumender*	*Strahlender Stern*
⊕ ERDE	*Jäger*	*Visionär*	*Krieger*
⊙ LUFT	*Reisender*	*Prophet*	*Neugeborener*
⊖ WASSER	*Sucher*	*Friedensmacher*	*Alt*
🜍 SCHWEFEL	*Dunkel*	*Dunkel*	*Dunkel*

Auf einen Blick sehen wir hier unsere Energiegruppe und wo unser Seelenzeichen in der Gruppe steht, ob unser Energiefluss introvertiert, zentral oder extrovertiert ist.

Wenn ich beschreibe, wo jedes Seelenzeichen in seiner Gruppe steht, verwende ich den Begriff *extrem* für die Energiekräfte links und rechts, was lediglich bedeutet, dass diese Energien uns äußerlich sichtbarer erscheinen. Und was noch wichtiger ist, die Darstellung zeigt uns, dass die Kraft dieser Energien in entgegengesetzte Richtungen fließt.

Daneben haben wir den zentralen, ausgewogeneren und

gleichmäßigeren Energiefluss, der leicht und ungehindert in alle Richtungen fließen kann. Zentrale Seelen können ihre Energie in einer unauffälligeren und doch genauso kraftvollen Weise wie ihre extremen Schwesterseelen benutzen, weil sie mehr im Gleichgewicht mit ihrer Elementarkraft sind.

Es ist wichtig zu wissen, dass kein Energiefluss dem anderen vorzuziehen ist. Sie sind nicht besser oder schlechter, sondern einfach nur unterschiedlich und bewirken, dass unsere Seele sich auf unterschiedliche Weise entfaltet, sodass die Einzigartigkeit und Individualität jeder Seele deutlich wird.

Worin bestehen die Unterschiede? Wie beeinflusst uns unser besonderer Energiefluss? Lassen Sie uns die Energiegruppen und ihre Seelenzeichen einmal genauer betrachten.

Wir sehen, dass die fünf Seelenzeichen in der linken Spalte der Darstellung – die Rückblickende Seele, die Jäger Seele, die Reisende Seele, die Sucher Seele und die Dunkle Seele – einen introvertierten Energiefluss haben, was bedeutet, dass diese Menschen Probleme haben, ihre innersten Gefühle auszudrücken und lieber etwas von sich zurückhalten.

Von allen Feuerzeichen finden es die **Rückblickenden Seelen** am schwierigsten, Kompromisse zu schließen. Sie werden so sehr von extremer emotionaler Energie angetrieben, wollen so unbedingt den Ritter in schimmernder Rüstung, das märchenhafte Happy End, dass die Realität mit ihren Wünschen unmöglich Schritt halten kann und sie nur enttäuscht werden können. Nichts ist richtig, weil nichts so perfekt ist, wie sie es sich erträumt haben.

Die **Jäger Seele** mag zwar extrovertiert erscheinen, verbirgt jedoch häufig ihr wahres Selbst und versucht eher, die Erfüllung ihrer Bedürfnisse mit sich selber abzumachen. Unser Jäger kann entweder extrem negativ oder extrem positiv sein, wobei die starke introvertierte Energiekraft ihn, je nach den Umständen natürlich, sehr deutlich antreibt. Angetrieben von dem Bedürfnis, Strategien zu entwickeln, müssen Jäger das Gefühl haben, alles kontrollieren zu können.

Auch die **Reisende Seele** scheint in gewisser Hinsicht von der introvertierten Energie beeinflusst zu sein. Der Reisende lässt sich gewiss nicht von anderen einschüchtern, und seine Stärke, das zu tun, was er will, kommt aus seinem Innern. Er ist wahrscheinlich das komplexeste Zeichen in der Luftgruppe und neigt am ehesten zu aggressivem Verhalten. Allerdings wird man darauf auch bei einem Reisenden lange warten müssen, da sich die passiv-aggressive Natur bei einem Luftzeichen nur zeigt, wenn es entweder in unterdrückenden Verhältnissen aufgewachsen ist oder aber es über längere Zeit ständig bedrängt und gemaßregelt wird. Unter solchen Umständen werden alle drei Luftzeichen handeln, wobei das Ausmaß davon abhängt, welchem Energiefluss sie ausgesetzt sind. Unser Reisender hat es hinsichtlich Beziehungen schwerer als die anderen in dieser Gruppe, da er die Tendenz hat, persönliche Bindung mehr zu fürchten als der Prophet oder die Neugeborenen Seele.

Sie erinnern sich sicher, dass die **Sucher Seele** faszinierend sein kann, ein interessanter Mensch und ganz bestimmt nicht schüchtern oder gehemmt. Was jedoch Emotionen angeht, so ist diese Seele zurückhaltend; sie bindet sich nicht leicht und tut sich schwer damit, Verantwortung für jemand anderen als sich selbst zu übernehmen. Bevor sie sich um die Bedürfnisse anderer kümmert, wird sie immer erst sicherstellen, dass es ihr selber gut geht. Die Sucher Seele, die von dieser extremen introvertierten Energiekraft getrieben wird, hat einen äußerst starken Willen, und obwohl sie von Natur aus zu Kompromissen bereit ist, wird sie eine Situation immer nach ihren Kriterien und Wünschen gestalten wollen, wenn es geht.

Die **Dunkle Seele**, beeinflusst von dieser extremen introvertierten Energie, wird im Inneren Groll hegen und Rachepläne schmieden, und eines Tages wird all ihre Wut hervorbrechen.

Man könnte meinen, dass introvertierte Energie sich vor allem als Ich-Bezogenheit manifestiert, doch das würde zu kurz greifen. Ich würde sagen, introvertierte Energie zeigt sich bei Menschen, die eine Situation zunächst auf sich beziehen müssen, bevor sie in der Lage sind, über sich selbst hinauszuschauen – das ist ihr angeborener Energiefluss und die subjektive Richtung, die sie instinktiv einschlagen.

Werfen wir wieder einen Blick auf unsere Übersicht. Dort sehen wir, dass die fünf Seelen auf der rechten Seite – die Strahlender Stern Seele, die Krieger Seele, die Neugeborenen Seele, die Alte Seele und wieder die Dunkle Seele – einen extrovertierten Energiefluss haben, der sich in jeder der fünf Seelen so äußert, dass die dazugehörigen Personen ihre eigenen Gefühle zwar anerkennen, aber immer über ihren Tellerrand hinausblicken können.

Die **Strahlender Stern Seele** ist unter den Feuerzeichen diejenige, die ihre Emotionen am positivsten ausdrückt. Der Strahlende Stern hat jedoch manchmal Probleme mit Disziplin, ist indiskret und redet zu ungünstigen Zeitpunkten viel zu viel über sein Privatleben. Diese Seelen haben ein so großes, weit offenes Herz, dass sie es jedem bedenkenlos zu Füßen legen.

Die natürliche Neigung der **Krieger Seele** ist es, sich um das Wohl der Gemeinschaft zu kümmern – das ihrer Freunde, ihrer Familie und anderer Menschen in ihrer Obhut. Ihr Energiefluss ist, wie beim Jäger, offensichtlicher als beim Visionär, der zentralen Kraftgestalt.

Die **Neugeborenen Seele**, die einfach nichts für sich behalten kann, ist nicht in der Lage, ihre Gefühle zu verbergen. Offen und vertrauensvoll, freundlich und warmherzig, umgänglich und enthusiastisch, fällt es ihr wegen ihrer natürlichen Neigung sich mitzuteilen schwer, ein Geheimnis für sich zu behalten. Ihr Energiefluss geht ganz offensichtlich nach außen. Ein passiver, sanfter Energiefluss treibt sie vorwärts, und diese Seele ist selten unzufrieden, auch wenn sie sich mit einem aggressiveren oder fordernderen Seelenzeichen herumschlagen muss.

Die **Alte Seele**, die nicht unbedingt eine extrovertierte Persönlichkeit besitzt, ist wahrhaft fähig, sich über ihre eigenen persönlichen Gefühle hinwegzusetzen, um die Bedürfnisse anderer klug und mit gesundem Menschenverstand abzuwägen. Da sie einen ausgeprägten Gerechtigkeitssinn besitzt, ist sie in der Lage, sich so weit von ihren eigenen Bedürfnissen zu entfernen, dass ihre persönlichen Gedanken und Gefühle sekundär werden. Im Gegensatz zu den anderen beiden Zeichen in der Wassergruppe setzt diese Seele eine Mischung aus gesundem Menschenverstand und Instinkt ein und kann damit auch die verborgenste Bedeutung einer Situation erfassen. Ein Abteilungsleiter zum Beispiel, der zu den Alten Seelen gehört, wird eine destruktive Person in seinem Team erspüren, auch wenn die anderen nichts davon mitbekommen. Hat die Alte Seele ein Problem erst einmal erkannt, wird sie es durch einen klugen Kompromiss lösen.

Die **Dunkle Seele**, die von dieser extremen extrovertierten Energie beeinflusst ist, wird sich nur schwer beherrschen können und sich so zeigen wollen, wie sie ist.

Man könnte meinen, extrovertierte Energie manifestiere sich als Selbstlosigkeit, besser ist es jedoch zu sagen, dass diese Energie sich manifestiert in der Fähigkeit, über sich selbst hinauszublicken und so eine breitere Perspektive und Wahrnehmung der Aktionen und Reaktionen anderer zu entwickeln.

Betrachten wir jetzt einmal die fünf Seelen in der Mitte – die Träumende Seele, die Visionär Seele, die Prophet Seele, die Friedensmacher Seele und erneut die Dunkle Seele. Sie alle haben einen zentralen und daher ausgewogeneren Energiefluss, der beide Richtungen einnehmen kann. Bis zu einem gewissen Grad lassen sich diese Seelen von einer extrem introvertierten oder extrem extrovertierten Energie beeinflussen.

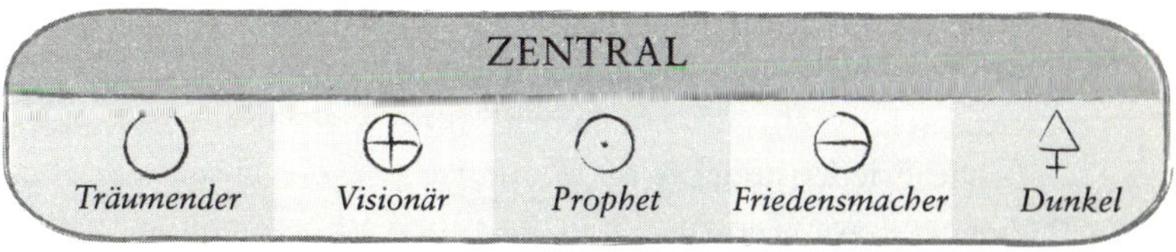

Die **Träumende Seele** ist ein Feuerzeichen, und ihre Emotionen sind natürlich kraftvoll, wenngleich nicht immer so heftig wie bei den anderen Feuerzeichen. Sie ist künstlerisch und kreativ. Da sie von der kompromisslosen und eigensinnigen introvertierten Energie links von ihr im Schema beeinflusst ist, wird sie geniale und oft ungewöhnliche Wege finden, um sich selbst auszudrücken. Weil sie mit ihren Emotionen kreativer umgehen können als die Rückblickende Seele und dank ihrer zentralen Energie ausgeglichener sind, sind die meisten Träumenden Seelen, im Gegensatz zu den Rückblickenden Seelen, zufrieden mit ihrem Leben.

Die **Visionär Seele** kann dank ihres Instinkts und ihrer Einsichten beide Seiten einer Münze sehen und ist dadurch der perfekte Vermittler und Schlichter. Wie die anderen von dieser sanfteren Zentralenergie beeinflussten Seelen wird auch der Visionär nur zögerlich harte Urteile fällen und in den meisten Auseinandersetzungen eine neutrale Position beziehen. Getrieben von derselben Erdenergie wie die anderen beiden Zeichen in der Gruppe, verwendet diese Seele die Energie auf eine ganz andere Weise. Sie zeigt sich beim Visionär viel subtiler und weniger fordernd und fällt deshalb manchmal kaum auf.

Die **Prophet Seele**, die keine Zeit oder Energie darauf verschwendet herauszufinden, was an einer Situation richtig oder falsch ist, betrachtet eine Situation aus allen Blickwinkeln, versetzt sich in jede Lage und fließt mit jedem Strom mit. Dabei bleibt sie ausgewogen in ihrer zentralen Energiekraft und lässt sich von den extremen Energien nicht aus dem Lot bringen. Der Prophet ist das ausgeglichenste Seelenzeichen in der sowieso schon sehr ausgewogenen Luftgruppe.

Die **Friedensmacher Seele**, die sich im Gegensatz zur Prophet Seele von Zeit zu Zeit in die anderen Energieflüsse verstricken lässt, muss ständig um ihr Gleichgewicht kämpfen – oder vielmehr um den Frieden. Der Friedensmacher ist aber dennoch ein kraftvoller Vermittler oder Schlichter, da auch er beide Seiten einer Münze sehen kann und mit seinem ausgeprägten Sinn für Fairness in der Lage ist, jederzeit einen Kompromiss zu finden. Da der Friedensmacher sehr familienorientiert ist, wird er alles tun, um seine Familie glücklich zu machen. Und das schafft er auch.

Die **Dunkle Seele**, die von der Zentralenergie beeinflusst ist, kann gemäßigt erscheinen und wirkt emotional ausgeglichen. Das hat Vorteile für die Dunkle Seele, weil so ihre zerstörerische Kraft nicht so schnell entdeckt wird.

Man könnte meinen, die Zentralenergie manifestiert sich als diffuse, weniger kraftvolle Energie. Ich würde sagen, die von ihr bestimmten Seelen gehen Stresssituationen aus dem Weg. Sie bleiben neutral, versetzen sich in die Lage der anderen und bieten so Lösungen an. Ihre Einstellung zu anderen ist nicht von Vorurteilen geprägt. Das ist ihr natürlicher Energiefluss, das ist die Richtung, die sie instinktiv einschlagen.

Ich möchte Sie noch einmal darauf hinweisen, dass die Schwefelgruppe im Gegensatz zu den anderen vier Gruppen nur ein einziges Seelenzeichen aufweist, die Dunkle Seele. Ich glaube, wir alle wissen ohne große Erklärungen, welche Züge die Dunkle Seele kennzeichnen. Es wäre jedoch dumm, dieses Seelenzeichen zu ignorieren, da die Dunkle Seele eine wichtige Rolle in unserer menschlichen Existenz hier auf der Erde spielt, wie ich in einem der folgenden Kapitel erläutern werde. Genau wie bei den anderen Hauptseelengruppen gibt es eine introvertierte, eine extrovertierte und eine ausgewogenere Energie in der Schwefelgruppe, und je nachdem, von welcher Energie sie beeinflusst sind, gibt es drei unterschiedliche, wenn auch gleich kraftvolle Ausprägungen der Dunklen Seele: Zwei besitzen einen offensichtlichen und intensiven Energiefluss, die andere einen zwar auch intensiven, aber verborgeneren Fluss. Da die Dunkle Seele die Energie des Bösen hat, ist sie getrieben, Dunkelheit und Verzweiflung zu schaffen, Schmerz und Leid. Sie ist äußerst gerissen und kann sich oft so lange unentdeckt unter uns bewegen, bis sie zuschlägt. Eigentlich ist sie ein Einzelgänger, schließt sich jedoch bereitwillig an andere an, wenn es ihren Zwecken dient. Es gibt nur relativ wenige Dunkle Seelen, aber schon eine einzige unter uns ist eine zu viel für mich.

KLOPFEN SIE ES FEST

Die meisten von Ihnen haben jetzt Ihre Seelengruppe und Ihr Seelenzeichen erkannt. Woher ich das weiß? Weil ich immer wieder gesehen habe, wie es funktioniert. Für diejenigen jedoch, die noch eine weitere Bestätigung brauchen, habe ich dieses Kapitel geschrieben.

Genau wie in Teil II werde ich noch einmal verschiedene Aktionsbeispiele nennen, um die Seelenzeichen klarer zu machen.

Meine Tochter Samantha Jane und ich gehören zur gleichen Seelengruppe. Ich bin ein Krieger, und sie ist ein Visionär. Einer der Hauptgründe für unsere großartige Beziehung zueinander ist, dass wir beide Erdzeichen sind und einander wirklich verstehen. Förderlich ist auch, dass sie eine zentrale und daher ausgeglichene Seele ist, während ich eine extreme Seele bin. Wenn wir zum Kapitel über Beziehungen kommen, werden Sie verstehen, warum das so ist.

Ich habe nicht darüber nachdenken müssen, was für eine Seele ich bin, weil Grauer Adler es mir gesagt hat. Samantha jedoch musste ihr Zeichen selbst herausfinden. Als sie die Beschreibungen der drei Seelen in ihrer Gruppe gelesen hatte – der Krieger Seele, der Visionär Seele und der Jäger Seele –, wusste sie sofort, dass sie ein Visionär ist, obwohl es ein oder zwei Charakterzüge gab, die auf sie nicht zutreffen. Das muss aber nicht verwundern. Durch Einflüsse unserer Umgebung und aufgrund unserer Erziehung bilden sich manche Charakterzüge stärker aus als andere. Aber wie wir alle wollte auch sie die endgültige Bestätigung haben, und das war großartig für mich, weil ich sie so gleich als Versuchskaninchen benutzen konnte. Ich wusste, dass sie lautstark protestieren würde, wenn ich von der Spur abkam.

War sie, wie ein Visionär, jemand, der sich als Erster freiwillig für die schwierigsten Aufgaben, die sonst keiner übernehmen will, zur Verfügung stellt? Und war sie jemand, der sich immer wieder um seine Freunde bemüht, Pläne macht, sich zu treffen, soziale Ereignisse organisiert, auch wenn die Freunde sie öfter mal hängen lassen?

Samantha beantwortete beide Fragen mit ja, und war sich nun sicher, ein Visionär zu sein. Prüfen auch Sie sich also noch ein weiteres Mal.

Wenn Sie ein **Feuer**zeichen sind:

- Empfinden Sie sich auch selbst allzu oft als negativ und beschweren sich über alles Mögliche?
- Finden Sie, dass Sie andere entweder extrem ermutigen oder entmutigen?
- Träumen Sie vom perfekten Partner, auch wenn Sie immer wieder enttäuscht werden?

Wenn Ihnen das bekannt vorkommt, sind Sie eine **Rückblickende Seele.**

Oder:

- Drängt es Sie, Ihr künstlerisches Temperament auszudrücken?
- Finden Sie Ihre eigenen Erwartungen gegenüber Menschen und Situationen manchmal unrealistisch?

- Finden Sie, dass Sie oft die rosarote Brille aufsetzen und nur das Beste in jemandem sehen wollen?

Wenn das im Großen und Ganzen nach Ihnen klingt, dann sind Sie eine **Träumende Seele.**

Oder:

- Sehen Sie sich selbst als positiv und aufgeschlossen, vor allem unter schwierigen Umständen?
- Stehen Sie gerne im Mittelpunkt, auch wenn es auf Kosten anderer geht?
- Brauchen Sie viel Beifall und einen Partner, der Ihnen seine volle Aufmerksamkeit schenkt?

Wenn die meisten Aussagen auf Sie passen, dann sind Sie eine **Strahlender Stern Seele.**

Oder, wenn Sie ein **Erd**zeichen sind:

- Lieben Sie Herausforderungen und wollen Sie sie um jeden Preis bewältigen?
- Motivieren Sie andere mit Ihrer Begeisterung, ziehen aber weiter, wenn Sie aufgehalten werden oder andere Ihre Pläne durchkreuzen?
- Brauchen Sie Freiheit und Flexibilität in jeder Ihrer Beziehungen?

Wenn Ihnen das bekannt vorkommt, sind Sie eine **Jäger Seele.**

Oder:

- Brauchen Sie eine Weile, bis Sie zu einer wichtigen Entscheidung kommen?
- Halten Sie Kontakte aufrecht und rufen andere auch dann an, wenn sie sich länger nicht bei Ihnen melden?

- Brauchen Sie Bestätigung und Sicherheit, da sie nicht immer so selbstsicher sind?

Wenn das im Großen und Ganzen nach Ihnen klingt, dann sind Sie eine **Visionär Seele.**

Oder:

- Übernehmen Sie in den meisten Situationen ganz natürlich die Verantwortung?
- Sind Sie für gewöhnlich der Erste, der sich freiwillig meldet?
- Müssen Sie mit Ihrem Partner eng zusammenleben und viel miteinander reden?

  Wenn das auf Sie passt, dann sind Sie eine **Krieger Seele.**

Oder, wenn Sie ein **Luftzeichen** sind:

- Überlegen Sie oft, ob das Gras woanders nicht grüner ist?
- Brauchen Sie die Sicherheit eines Heims und einer Familie eigentlich nicht?
- Halten Sie sich für romantisch, finden es aber schwierig, sich nur auf eine einzige Beziehung einzulassen?

Wenn sich das nach Ihnen anhört, sind Sie eine **Reisende Seele.**

Oder:

- Sind Sie überall zufrieden, wo Sie gerade sind?
- Vermeiden Sie sowohl auf der Arbeit als auch zu Hause jeden Konflikt, um den Frieden zu wahren?
- Brauchen Sie einen stabilen Partner, der an ihrer Seite steht, auch wenn die Beziehung nicht perfekt ist?

  Wenn das zu Ihnen passt, sind sie eine **Prophet Seele.**

Oder:

- Brauchen Sie die Gelegenheit, neue und innovative Ideen auszuprobieren?
- Schätzen Sie Stabilität und haben fast immer das Gefühl, es sei alles stabil?
- Reden Sie offen und unbeschwert über Ihre Emotionen und brauchen Sie ein friedliches Familienleben?

Wenn das auf Sie passt, dann sind Sie eine **Neugeborenen Seele.**

Oder, wenn Sie ein **Wasser**zeichen sind:

- Sind Sie an anderen Leuten sehr interessiert?
- Beschäftigen Sie sich gerne mit interessanten Projekten und lieben Sie es, zu philosophieren?
- Möchten Sie eine Beziehung, halten sich dann aber doch lieber zurück, weil es Ihnen schwer fällt, ihre innersten Gefühle mitzuteilen?

Wenn das im Großen und Ganzen nach Ihnen klingt, sind Sie eine **Sucher Seele.**

Oder:

- Sind Ehe und Familie die wichtigsten Themen für Sie, auch bei gesellschaftlichen Anlässen?
- Arbeiten Sie mit Kindern, in einem Lehr-, Pflege- oder Versorgungsberuf?
- Kümmern Sie sich am liebsten um Ihre Familie?

Wenn das größtenteils auf Sie zutrifft, dann sind Sie eine **Friedensmacher Seele.**

Oder:

- Mögen Sie Gesellschaft, sind jedoch genauso glücklich, wenn Sie alleine mit sich sind?
- Beschäftigen Sie sich mit mehreren Projekten gleichzeitig, weil Sie nie nein sagen können?
- Bestimmen Sie gerne die Regeln in Ihrer Beziehung?

Wenn das nach Ihnen klingt, dann sind Sie eine **Alte Seele**.

Eine gute Freundin von mir erkannte ihre Seelengruppe sofort, und als sie die Beschreibung der drei dazugehörigen Seelenzeichen las, konnte sie eines ziemlich rasch eliminieren. Bei den beiden anderen jedoch war sie eine Zeit lang schwankend.

Sie hatte keine Probleme mit den negativen, sondern eher mit den positiven Charakterzügen, die sie immer Leuten zugeschrieben hatte, die »viel klüger sind als ich«.

Erfinderisch, innovativ, originell, künstlerisch, kreativ, ist gerne Trendsetter – all das sah sie eher bei anderen als bei sich. Ihr geringes Selbstbewusstsein trübte ihr Urteil über sich. Ihre Freundinnen erkannten diese Züge sofort in ihr, aber sie musste sie auch selber sehen.

»Weißt du«, sagte sie zu mir, »ich bin kein bisschen künstlerisch. Ich kann weder malen noch zeichnen. Das bin ganz bestimmt nicht ich.«

»Ach ja? Und wer entwirft dann deine Kleider, wer näht sie, wer macht diese tollen Vorhänge, die du hast? Wer kocht, entwickelt neue Rezepte, versucht ständig etwas Neues?«

Erfinderisch, innovativ, originell? Sie hätten ihre Kleidung sehen müssen! Künstlerisch, kreativ? Sie trägt ständig irgendetwas Ungewöhnliches, Extravagantes. Ihr Zuhause ist wunderschön – sie hat einen Blick für das Ungewöhnliche und hat auch keine Angst, Trends zu setzen, ganz gleich wie schüchtern und wenig selbstbewusst sie sonst ist. Aber zuerst fiel es ihr schwer, diese Eigenschaften bei sich selber zu sehen.

Als ich sie ihr aufzeigte, stellte meine Freundin fest, dass sie sich nur sehr eingeschränkt selbst wahrgenommen hatte. Sie musste einfach ihr Blickfeld erweitern, und das mag für manche Menschen bei anderen leicht sein, bei sich selber jedoch fällt es ihnen schwer.

Viele von uns sind so. Wir finden es viel leichter, unsere negativen Züge zu erkennen als die positiven, häufig, weil wir in einer Umgebung aufgewachsen sind, in der wir nicht ermutigt wurden, unseren Wert zu erkennen.

Eine andere Freundin von mir, eine der liebsten und sanftesten Seelen, war neununddreißig Jahre mit einem arroganten, herrschsüchtigen und gemeinen Mann verheiratet, der ihr Energie abzapfte und ihre Selbstachtung zerstörte. Er ist ein Feuerzeichen, der negativste Vertreter der Rückblickenden Seele. Desillusioniert und zornig auf das Leben gab er seiner Frau an allem die Schuld, was schief ging. Er stampfte sie förmlich in den Boden. Sie stammt aus der Luftgruppe, ist passiv und freundlich und war die loyalste und ergebenste Ehefrau, die man sich denken kann. Ständig entschuldigte sie vor anderen seine Arroganz und sein schlechtes Benehmen.

Es war für Eileen leicht zu sehen, in welche Gruppe sie gehörte. Sie war sich ihrer passiven Natur sehr wohl bewusst, aber es war schwer für sie zu akzeptieren, dass die wundervollen Züge, die alle Luftzeichen besitzen, auch auf sie zutrafen. Sie war so daran gewöhnt, ständig vorgehalten zu bekommen, wie wertlos sie sei, dass sie es schließlich selber glaubte.

Kürzlich besuchte sie mich und übernachtete bei mir, und am Morgen klagte ich darüber, wie schlecht ich geschlafen habe.

»O Rosemary«, flüsterte sie, »habe ich etwas falsch gemacht?«

Ist das nicht traurig?

Es ist nicht immer einfach, sich selbst klar zu sehen. Wir sind oft nicht daran gewöhnt, aufrichtig zu uns und über unsere wahren Gefühle zu sein. Manchmal schmerzt es einfach zu sehr. Aber wir sind alle Seelen in Gottes Garten, und er sieht uns so, wie wir sind. Er sieht jeden von uns als kleine, zarte Blume, die so und nicht anders blüht, und das in einem Meer von Seelen. Zwölf wunderschöne Blüten, golden wie die Narzisse, leuchtend und hell.

Und doch gibt es noch eine andere Blume unter uns, die danach strebt, Unheil in unseren Garten zu bringen.

DAS BÖSE IN UNSERER MITTE

Wir wissen mittlerweile, dass noch eine Seelengruppe übrig ist, ein Seelenzeichen, über das wir noch nicht ausführlich gesprochen haben und das ich lieber ignorieren würde. Aber das kann und darf ich nicht, weil leider unser Garten ohne das letzte unserer dreizehn Seelenzeichen, die Dunkle Seele, unvollständig wäre. Dieser Tatsache müssen wir ins Auge sehen.

Ich bin bei meiner Arbeit als spirituelles Medium dem Bösen häufig begegnet, und ab und zu habe ich auch über meine Erfahrungen mit dem Bösen geschrieben, aber ich habe seine Existenz im Universum erst verstanden, als Grauer Adler mir von den Seelenzeichen erzählte. Ich hatte immer geglaubt, wollte immer glauben, dass Gott in uns allen, in allen Dingen sei. Aber ich habe mich geirrt – es gibt so etwas wie das absolute Böse, eine Energie, die dunkler ist als alles, was wir uns vorstellen können.

Bevor wir uns die Dunkle Seele und ihre dunklen Taten ansehen, möchte ich den Unterschied erklären zwischen einer bösen Seele aus dem Umfeld der Schwefelenergie – einer wahren Dunklen Seele – und einer Seele aus einer der vier anderen elementaren Energiegruppen, die böse Handlungen begeht, aber gleichwohl keine Dunkle Seele ist.

Wir alle sind dazu fähig, Böses zu tun, und die meisten von uns tun das auch häufiger, als wir sollten. Jedenfalls im alltäglichen Kleinkrieg, wo wir nur allzu schnell jemanden wütend anfahren, etwas Gemeines oder Unfreundliches über jemand anderen sagen oder denken. Das tun wir alle immer wieder, obwohl die überwiegende Mehrheit von uns aus einer der vier Energiequellen stammt, die Gott erschaffen hat. Jeder gemeine, hasserfüllte oder unfreundliche Akt, ganz gleich, wie unbedeutend er ist, wirft einen Schatten auf unsere Seele. Bei den meisten von uns entstehen diese Schatten jedoch nicht aus böser Absicht, sondern aus Frustration und Mangel an Toleranz. Richtig sind alle diese kleinen Bosheiten trotzdem nicht, und die Konsequenzen werden dadurch auch nicht abgemildert – durch unsere Handlungen verletzen wir andere Menschen und auch uns selber. Das gehört zu unserem Lern- und Wachstumsprozess.

Aber was ist mit Dieben, Mördern, Vergewaltigern und anderen Gewaltverbrechern?

Je nach Erziehung oder Einflüssen der Umgebung ist es für eine Seele Gottes möglich, sich zur dunklen Seite zu neigen. Auch diese Möglichkeit ist in uns angelegt. Wenn wir zum Bösen ermutigt werden, können wir die kleine dunkle Seite in uns, unsere Fähigkeit zu Hass und böser Absicht, ohne weiteres entwickeln. Sie kann uns jedoch nicht völlig überwältigen, denn Gottes Kraft, die Lichtkraft in uns, kann nicht vollständig ausgelöscht werden. Die Tatsache, dass wir lieben können, zeugt vom Licht Gottes in uns.

Dunkle Seelen können nicht lieben. Es mag vielleicht so aussehen, als ob sie liebten, aber in Wahrheit weiden sie sich nur an sich selbst, an ihrer bösen Natur, an ihrer Zerstörungskraft, ihrer Absicht, Böses zu tun. Dunkle Seelen sind unfähig zu echter Liebe und unfähig zu echter Reue oder Schuldgefühlen.

Es gibt also dunkle Seelen, die unter uns sind, die hier auf der Erde Wurzeln geschlagen haben, sich aus der gleichen Quelle wie wir nähren, aus dem gleichen Brunnen trinken und wachsen und blühen im Garten der Seelen. Aber ihre Blume ist anders als unsere, und wenn ich könnte, würde ich sie alle einzeln ausreißen und vernichten. Aber ich bin nur ein kleiner Gärtner, der Gottes Plan nicht begreift.

In den letzten Jahren hat man mich auf Vorträgen und Seminaren oft gefragt, warum Gott es zulässt, dass das Böse unter uns ist. Ich antworte darauf Folgendes: Ich habe gesehen, was böse Kräfte der Dunkelheit bei der menschlichen Rasse angerichtet haben, aber ich habe auch den Mut, die Stärke und die innere Kraft derjenigen, die am meisten darunter gelitten haben, erlebt. Wenn Gott uns etwas nimmt, gibt er uns etwas anderes dafür. Und wenn wir die Auswirkung des Bösen nie erleben würden, könnten wir nicht wachsen und uns weiterentwickeln. So schrecklich das Böse ist, es ist notwendig, und Gott lässt es um unserer Seelen willen zu.

Die Geschichte ist voller Beispiele böser Menschen, die offensichtlich Dunkle Seelen waren, und wir fragen uns natürlich, warum sind Menschen so? Sind sie geisteskrank, hatten sie eine schlimme Kindheit oder sind sie schon böse zur Welt gekommen? Und was ist mit jugendlichen Kriminellen, von denen viele aus guten, liebevollen Familien kommen? Sind sie böse geboren? Oder wodurch sind sie böse geworden? Blumen, die nur im Dunkeln blühen? Dunkle Seelen?

Psychologen diskutieren schon seit jeher darüber, ob Charakterzüge angeboren oder anerzogen sind. Ich glaube, beides spielt eine Rolle.

Wie wir gelernt haben, ist nicht jeder, der eine böse Handlung begeht, eine Dunkle Seele. Viele Menschen begehen die eine oder andere schlechte Tat in ihrem Leben, ohne doch von Grund auf schlecht zu sein. Einige werden von Selbstgerechtigkeit getrieben – ja, im Namen der Gerechtigkeit und im Namen Gottes sind die schlimmsten Gräueltaten verübt worden. In manchen dieser Fälle verirren sich Lichtseelen auf die dunkle Seite, in anderen jedoch sehen wir die Handlung einer Dunklen Seele vor uns.

Vor unserer Geburt hier auf der Erde wird entschieden, dass wir in eine Umgebung kommen, die für unser potenzielles Wachstum am besten geeignet ist. Mit unserer Erdgeburt beginnt eine Reise mit unzähligen Erfahrungen und unzähligen Wahlmöglichkeiten. Die aus Licht geborenen Seelen, die sich dafür entscheiden, ihre dunkle Seite zu leben, tun dies aus freien Stücken. Ganz gleich, wie schrecklich eine Kindheit war oder welche Gründe wir finden, um zu rechtfertigen, dass wir böse geworden sind, wir haben immer die Wahl: entweder tun wir den anderen das Gleiche an, was uns angetan wurde, oder aber wir lernen, es besser zu machen und die Fesseln schlechter Erfahrungen zu sprengen.

Warum aber wählen Menschen den dunklen Weg? Ich weiß, dass es Lichtwesen gibt, die böse Kräfte besitzen, und dass diese bösen Kräfte Seelen der Dunkelheit und des Bösen hervorbringen, die wie wir alle auf diese Erde kommen, um zu lernen und zu wachsen – nur dass sie lernen wollen, wie sie noch böser werden können.

Es gibt drei unterschiedliche Arten der Dunklen Seele, wie wir auf unserer Übersicht gesehen haben: eine mit introvertierter Energie, eine mit ausgewogener, zentraler Energie und eine mit extrovertierter Energie. Keine ist gefährlicher als die andere, jede hat die gleiche Wirkkraft, wie auch wir in unseren Seelengruppen. Zwei verfügen lediglich über offensichtlichere Energien, während die der anderen eher verborgen ist.

Die Dunkle Seele, die von einer nach innen gerichteten Energie beeinflusst und erschaffen wird, hat meist eine grüblerische, selbstbezogene Persönlichkeit. Solche Menschen können mysteriös und verschlossen erscheinen, was sehr anziehend auf manche Menschen wirken kann, und sie könnten vom anderen Geschlecht als faszinierende Herausforderung empfunden werden. Die introvertierte Dunkle Seele weiß das und wird diese Macht zu ihrem Vorteil nutzen.

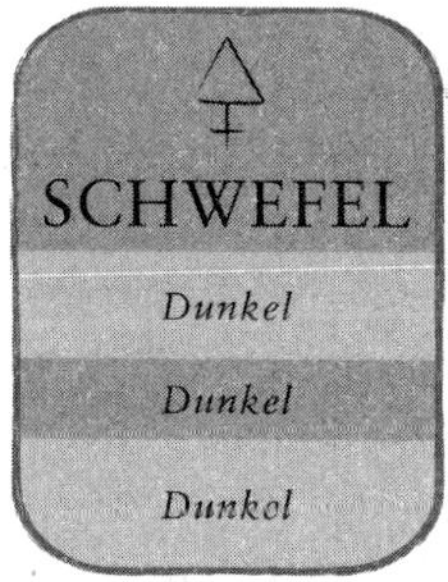

Die Dunkle Seele, die von einer zentralen Energie beeinflusst und erschaffen wird, wirkt unauffälliger. Sie erscheint vernünftig, umsichtig und interessiert am Wohlergehen anderer, was diejenigen anzieht, die ein gering ausgeprägtes Selbstwertgefühl haben oder Unterstützung in einer schwierigen Lebensphase suchen. Die Dunkle Seele mit Zentralenergie weiß das und macht sich die Sensibilität und Verletzlichkeit ihres Opfers zunutze.

Die Dunkle Seele, die von extrovertierter Energie beeinflusst und geschaffen ist, neigt dazu, freundlich und mitteilsam zu sein, charmant, gesellig und fröhlich, was diejenigen anzieht, die etwas Neues und Aufregendes in ihrem Leben suchen. Die Dunkle Seele mit extrovertierter Energie weiß das und genießt die Eroberung.

Da sie Teil unseres Gartens der Seelen ist, ist eine Dunkle Seele genauso wie wir alle eine Blume, die ihre Wurzeln in die Erde schlägt, die sich wie wir alle nähren will und das gleiche Potenzial zu blühen und zu gedeihen hat. Was für eine Blume könnte das sein?

Es wird Sie nicht überraschen, dass es eine solche Blume gibt, und Grauer Adler hat mich zu ihr geführt. *Dracunculus Vulgaris,* die Drachenwurz, ähnelt einer übergroßen, blutroten Calla mit einem langen schwarzen Kolben, der aus der Hülle ragt. Winzige Blüten, die man nicht sehen kann, sondern einen Duft ab, den eins meiner Gartenbücher als »widerwärtig« beschreibt.

Wenn wir diese Blume genau betrachten, sehen wir, wie sehr die *Dracunculus* der Dunklen Seele gleicht. Sie blüht an der Basis, wobei dies auch ohne Ehre oder Anstand bedeutet, verächtlich und gemein; ihre Blüten bleiben dem Auge des Betrachters verborgen, so wie die Dunkle Seele ihre Energie verbirgt; der Kolben ist Sinnbild für das schwarze Herz der Dunklen Seele, und wenn wir das Böse riechen könnten, so wäre es wie der Gestank dieser Pflanze.

Es ist schwer vorstellbar, dass eine Pflanze einen solchen Namen hat, *Dracunculus*, und doch gibt es sie. Ich betrachte sie, und obwohl ich es eigentlich nicht will, finde ich sie doch auch schön, und mir wird klar, warum manche Lichtseelen sich zu diesem Energietyp hingezogen fühlen. Die Drachenwurz wird von Fliegen und anderen Insekten befruchtet und sondert einen fauligen Geruch ab, um sie anzulocken. Genauso lassen sich Dunkle Seelen von den Ängsten und der Verletzlichkeit der anderen vier Seelengruppen befruchten.

Ich hielt einen Vortrag in Toronto vor ungefähr vierhundert Menschen. Ich hatte *Die Kraft der Seelenzeichen* erst zu zwei Dritteln geschrieben und noch keine Ahnung, warum ich begonnen hatte, die fünf Energiekräfte und das Thema des Bösen unter uns zu erklären, sollte es aber bald herausfinden.

Wie so oft bat ich meine Zuhörer nach dem ersten Teil des Vortrags, Fragen zu stellen. Das ist für gewöhnlich die Zeit, wenn die geistige Welt ihr Schweigen bricht und mir Botschaften schickt. Deshalb achtete ich jedes Mal, wenn jemand im Publikum eine Frage stellte, auf die Energie, die ihn umgab. Und prompt kamen Botschaften von Hoffnung, Liebe, Sorge und Trost aus der geistigen Welt.

Es gab eine Botschaft von einem jungen Mann, der ertrunken war. Seine Frau und sein bester Freund hatten nach dem Unfall geheiratet, und sie waren überglücklich, von ihm zu hören, vor allem, als er ihnen sagte, wie froh er sei, dass sie beide zusammen seien.

Eine andere Botschaft richtete sich an eine junge Frau, deren Mutter vor über fünf Jahren an Krebs gestorben war. Die Tochter brach in Tränen aus, als sie die Botschaft ihrer Mutter hörte. Fünf Jahre lang hatte sie sich mit Schuldgefühlen herumgeschlagen, weil ihre Mutter in ihren letzten Augenblicken um Wasser gebeten hatte, und sie hatte ihr keins gegeben, weil der Arzt es verboten hatte. »Ich hätte ihr einfach etwas zu trinken geben sollen«, schluchzte sie. »Ich hätte ihr etwas zu trinken geben sollen.« Ich gab diese Gedanken weiter, und als ich der Tochter übermittelte, was die Mutter ihr sagte, konnte sie endlich ihren Frieden mit sich machen. »Ich bin an einem Fluss«, sagte die Mutter, und da ich bei ihr stand, beobachtete ich, wie sie sich herunterbeugte und das kristallklare Wasser mit den Händen schöpfte. Sie führte die Hände an den Mund, und ihre Worte brachten mich zum Lächeln. »Hier ist genug Wasser für mich, und ich werde nie wieder durstig sein.«

Immer wieder ging ich durch den Saal, lauschte den Fragen, übermittelte Botschaften. An diesem Abend wurden viele Fragen über das Böse gestellt.

Kann jemand, der böse ist, ins Licht gehen? Eine Dunkle Seele möchte das gar nicht; sie fürchtet das Licht und versteckt sich davor. Ihr Zuhause ist die Dunkelheit.

Wohin gehen Dunkle Seelen, wenn sie sterben? Wenn wir

sterben, gehen wir alle an den Ort unserer Schöpfung zurück.

Wie kann man erkennen, ob jemand eine Dunkle Seele ist? Es ist schwierig, eine Dunkle Seele zu erkennen, wenn sie sich uns nicht zeigt oder gefasst wird. Nicht alle Dunklen Seelen sind klug, aber Gerissenheit und Schlauheit gehören zu ihren hervorstechendsten Merkmalen, und deshalb können sie sich auch so erfolgreich verbergen. Gute Energie hat jedoch Möglichkeiten, böse Energie zu erkennen, und hierbei spielt unser Instinkt eine wichtige Rolle. Unsere Gefühle sagen uns, wenn etwas nicht in Ordnung ist. Wir müssen auf unseren Instinkt achten und danach handeln.

Nimmt Gott eine Seele im Himmel auf, wenn sie Böses begangen hat? Es gibt viele Lichtseelen, die Böses getan haben oder tun werden. Sie haben unterschiedliche Gründe und Entschuldigungen dafür, und sie empfinden auch ein unterschiedliches Maß an Schuldgefühlen und Reue. Manche dieser Seelen tun anderen absichtlich etwas zuleide, während andere aus einem Impuls heraus handeln und andere aus Unachtsamkeit verletzen. Sie alle werden irgendwann sterben und werden die Wahl haben, ins Licht zu gehen oder nicht. Gott gibt ihnen diese Wahlmöglichkeit. Er schickt niemanden weg, ganz gleich, welche Taten er begangen hat, denn in dem Moment, wo wir ins Licht treten, bitten wir Gott um Verzeihung für unsere Sünden.

Das Böse hat viele Erscheinungsformen, erklärte ich, und sie sind oft sehr anziehend. Dunkle Seelen brauchen Opfer, um stärker zu werden. Wie das Chamäleon verwandeln sie sich in die Person, die ihr Opfer erwartet, und bevor sie zuschlagen, schlüpfen sie in eine Persönlichkeit wie in eine zweite Haut. Und zuschlagen werden sie immer wieder, denn sie sind immer nur für kurze Zeit befriedigt. Was können wir also tun?

Wir können das Böse erst aufhalten, wenn wir an seine Existenz glauben, denn erst dann können wir es bekämpfen. Mit Gottes Hilfe können wir es bekämpfen und besiegen. Und welche Waffen sollen wir in diesem Kampf verwenden? Wahrhaftiges Denken und aufrichtiges Verhalten. Liebevolle Gedanken und liebevolle Handlungen. Toleranz, Verständnis, Geduld, Fürsorge, Mut, Aufrichtigkeit. Und den Wunsch, Gutes zu tun – das sind die Waffen, die uns helfen werden zu siegen.

Ein Beispiel für das Schwefelzeichen ist die Geschichte, wie ich zum ersten Mal von Angesicht zu Angesicht einer Dunklen Seele gegenübergestanden habe. Es passierte vor vielen Jahren, als ich mit meinem Mann und ein paar Freunden in einem Nachtklub war. Irgendwie hatte der Besuch mit dem Job meines Mannes zu tun. Ich war auf der Toilette gewesen und ging langsam zu unserem Tisch zurück, wobei ich zwischendurch immer wieder stehen blieb, um die Paare auf der Tanzfläche zu betrachten. Auf einmal war mir, als zupfe jemand an meinen Gedanken, und ich hatte das starke Gefühl, beobachtet zu werden.

Mein Instinkt warnte mich vor Gefahr, und ich reagierte nicht, sondern blickte unverwandt weiter auf die Tanzfläche. Es kostete mich jedoch immer größere Anstrengung, das Gefühl zu ignorieren. Ich wollte mich nicht umdrehen, aber je mehr ich widerstand, desto sicherer war ich mir, dass mich jemand beobachtete und irgendwie versuchte, Macht über mich zu gewinnen. Mir wurde schrecklich heiß, der Kopf platzte mir fast, und am liebsten wäre ich zu meinem Tisch gerannt, um mich in Sicherheit zu bringen. Da ich schon mein ganzes Leben lang an seltsame Energien gewöhnt war, glaubte ich, das sei nur ein weiteres »Geschehen«; ich hatte Angst, wusste aber, dass ich mich beherrschen musste. Aber dann war ich auf einmal doch so überwältigt, dass ich mich umdrehte, und dort saß er, auf der anderen Seite des Raumes.

Die Energie, die er ausstrahlte, hüllte mich völlig ein. Seine Augen, mit denen er mich fixierte, waren dunkel und stechend. Verzweifelt versuchte ich, seinem Blick auszuweichen, konnte es aber nicht. Wie an einem unsichtbaren Faden gezogen, begann ich auf ihn zuzugehen. Ich konnte nicht anders – er schien meinen Verstand unter Kontrolle zu haben, und ich wurde von ihm angezogen wie Metall von einem Magneten.

Sein Gesichtsausdruck blieb unverändert, und sein Blick war fest auf mich gerichtet. Wie ein Schlafwandler trat ich langsam auf ihn zu, plötzlich aber rempelte mich jemand an, eine Kellnerin, die ein Tablett mit leeren Gläsern trug. Die Gläser flogen klirrend zu Boden, das Mädchen stammelte eine Entschuldigung, und mein Trancezustand war durchbrochen. Das Herz schlug mir bis zum Hals, als ich so schnell ich konnte zurück zu meinem Mann und unseren Freunden eilte, um mich dort in Sicherheit zu bringen.

Und doch hatte ich immer noch Angst. Ich hatte das Gesicht der Dunkelheit gesehen und seine mächtige Kraft gespürt. Und wenn sich nicht dieser Zwischenfall ereignet oder mein Schutzengel auf mich aufgepasst hätte, dann weiß ich nicht, ob ich hätte widerstehen können. Ich kann natürlich nicht mit Gewissheit sagen, dass der Fremde eine Dunkle Seele war, aber ich erinnere mich ganz deutlich an seine Augen, und noch deutlicher erinnere ich mich an seine Energie und wie sie in mein Gehirn drang, um mich willenlos und hilflos zu machen. Es war eine Kraft, mit der er andere beherrschen konnte.

Wie gesagt: Ich kann nicht mit Gewissheit behaupten, dass er eine Dunkle Seele war, aber in meinem Herzen weiß ich, dass es so war.

Das Böse ist mitten unter uns, und wir sollten auf der Hut sein. Aber das Licht Gottes, die Präsenz und Macht unserer Lieben in der geistigen Welt und unsere eigene reine Kraft der Liebe werden immer siegen.

UND JETZT WISSEN SIE ES

Wir werden uns im Folgenden nicht mehr mit der Schwefelenergie beschäftigen, sondern uns nun wieder ganz den vier Hauptgruppen und den dazugehörigen Seelenzeichen widmen. Und da Sie jetzt Ihre eigene Gruppe und Ihr Seelenzeichen kennen, kennen Sie auch Ihre wichtigsten Charakterzüge. Sehen Sie sich jetzt in einem positiveren, freundlicheren Licht? Nun, das sollten Sie. Haben Sie festgestellt, dass Sie ein unglaubliches Potenzial besitzen? Ich hoffe es. Verstehen Sie, dass Sie eine wunderschöne Blume in Gottes Garten sind? Bestimmt.

Jeder von uns hat aber auch negative Züge – oder kommt das nur daher, dass wir sie als negativ ansehen? Das wollen wir doch einmal überprüfen.

Ja, die **Rückblickende Seele** scheint viele negative Züge zu haben; aber gleichzeitig zeigt uns das, wie hochsensibel sie ist. Sie hat ein großes Potenzial zu geben, Mitgefühl mit anderen zu empfinden. Auch hilft ihre eigene Bedürftigkeit ihr, die Bedürfnisse anderer klar zu erkennen, und das macht sie zu einem mächtigen Verbündeten aller Benachteiligten.

Die **Träumende Seele** kann ultrasensibel reagieren, sich die kleinste Kleinigkeit zu Herzen nehmen und manchmal gedankenlos sein, aber wir wissen, dass sie sich nicht absichtlich so verhält, und eigentlich handelt es sich dabei um eine liebenswürdige Eigenschaft, wenn wir realisieren, dass diese Seele, weil sie so verträumt ist, manche schwierige Situation unbeschadet übersteht, weil sie sie gar nicht recht mitbekommt. Und da diese Seelen nicht immer ganz realistisch sind, hoffen sie stets auf ein gutes Ende und sind dadurch sehr umgängliche Menschen.

Die **Strahlender Stern Seele** neigt zum Wettbewerb, ist dramatisch und verlangt Aufmerksamkeit, weil sie glaubt, es müsse sich alles nur um sie drehen, aber genau dieses ausgeprägte Ego lässt sie im Leben erfolgreich sein und ihre Ziele erreichen. Anspruchsvoll? Ja, natürlich, aber als reife Seele kann der Strahlende Stern diesen Anspruch in positive Energie umwandeln. Zu dramatisch? Natürlich, aber wenn dieser Charakterzug klug genutzt wird, kann man damit die Aufmerksamkeit anderer auf die wirklich wichtigen Themen lenken.

Ja, die **Jäger Seele** ist ich-bezogen, beutet manchmal ihr Gegenüber unabsichtlich aus und ist unsensibel den Bedürfnissen anderer gegenüber. Zunutze kommen ihr diese Züge jedoch in Lebenssituationen, die äußerst konzentrierte Anstrengung erfordern, wenn sie erfolgreich bestanden werden sollen. Sie sucht ständig Bestätigung? Gewiss, aber die Jäger Seele besitzt auch in den meisten Fällen die Fähigkeit, das Potenzial und die Qualitäten anderer und das Leben an sich zu schätzen, und obwohl sie ihre Wertschätzung häufig nicht mit Worten ausdrücken, können die Jäger das Leben sehr genießen.

Ja, die **Visionär Seele** kann unpraktisch und versponnen sein, was ihr sicher manchmal Probleme bereitet, vor allem in finanzieller Hinsicht; aber sie hat dafür ein großes kreatives Potenzial, dank dessen sie innovative und einzigartige Ideen entwickeln kann. Neigen die Visionär Seelen nicht ein wenig dazu, ihre eigene Lebenssituation negativ zu sehen? Ja, aber daran können wir erkennen, wie sensibel sie sind, was sie einfühlend und mitfühlend für andere macht.

Richtig, die **Krieger Seele** kann zu freimütig, einschüchternd, eigensinnig und fordernd sein, aber dadurch erreicht sie auch, was sie will. Pedantisch und starr? Manchmal ja, aber mit ihrer Präzision können Krieger Schlachten gewinnen und schwierige Situationen in erfolgreiche verwandeln. Ein Hardliner? Definitiv, und wenn es dem Wohl der Gemeinschaft oder der Familie dient, dann bringt ihre Forderung nach richtigem Verhalten bei sich selbst und anderen unglaubliche und oft überraschend positive Ergebnisse.

Ja, die **Reisende Seele** kann sich selbst isolieren, Verpflichtungen ausweichen und emotionale Themen ignorieren. Das mag für andere nicht gut sein, ist aber positiv für den Reisenden, der mit leichtem Gepäck reist, sich nicht mit konventionellen Werten belastet und dadurch viele Situationen aus einem weiteren Blickwinkel betrachten kann. Außerdem können diese Seelen sich aus jeder Situation im Leben das nehmen, was sie wollen und brauchen, um geistig zu wachsen.

Die **Prophet Seele** kann leicht von anderen ausgenutzt werden, kann blind gegenüber den negativen Zügen anderer sein, und zwar auch zu ihrem eigenen Schaden. In der Reife jedoch wird ihr klar, wie wichtig es ist, auch die eigene Seele zu nähren. Ihre Selbstlosigkeit und Passivität lässt sie Schmerz und Verletzung bei anderen besser verstehen und erkennen. Naiv und zu vertrauensselig? Ja, aber diese Naivität verleiht diesen Menschen auch eine Offenheit, die anziehend wirkt.

Ja, die **Neugeborenen Seele** kann manchmal schwer zu berechnen sein, aber was soll's? Macht sie das nicht für uns gerade so liebenswürdig? Natürlich kann sie zu vertrauensselig sein, aber ist das nicht besser, als ständig zu misstrauen? Und, ja klar, es frustriert einen manchmal, wie schwer sie von Begriff ist, aber ist das nicht die negative Wahrnehmung der Ungeduldigen? Dafür hat sie die wundervolle Naivität, die es der Neugeborenen Seele ermöglicht, andere bereitwillig so zu akzeptieren, wie sie sind.

Die **Sucher Seele** kann viel zu rational, leidenschaftslos und distanziert sein, aber diese Züge können mit Sicherheit auch positiv genutzt werden und dienen dazu, Situationen ruhig und klar zu bewerten. Natürlich steht der Sucher anderen manchmal zu kritisch gegenüber, aber seine Analyse kann auch konstruktiv und hilfreich wirken.

Die **Friedensmacher Seele** kann selbstlos bis zur Selbstbeschädigung sein, und sie leidet auch darunter, andererseits gibt ihr das ein tieferes Verständnis für das Leiden anderer. Ihre Fähigkeit zur Empathie ist eine der liebenswürdigsten Eigenschaften dieser Seele. Urteilt sie insgeheim über andere? Ja, aber nach subjektiven Wertmaßstäben, die, je reifer diese Seele wird, auch immer wieder überprüft werden.

Ja, die **Alte Seele** kann ein Gewohnheitsmensch sein, unfähig zu handeln, weil sie unbedingt das Richtige tun will, und häufig versucht sie, es allen recht zu machen. Da sie hohe Wertmaßstäbe setzt und viel von anderen verlangt, kann der Umgang mit dieser Seele manchmal anstrengend sein, andererseits inspirieren diese hohen Erwartungen andere auch zu höheren Zielen. Die Tendenz zur Kontrolle richtet sich in der Reife gegen sie selber; sie hat sich in der Hand und lenkt bewusst ihr eigenes Geschick.

Jeder von uns hat Charakterzüge, die unser spirituelles Wachstum behindern können, wenn wir sie nicht klug einsetzen. Oft lernen wir an Beispielen, wie wir sein sollten oder nicht, und wir alle haben die Aufgabe, uns besser kennen zu lernen.

Als Gott uns auf diesen Planeten brachte, hat er uns Leben, Chancen und Gaben gegeben. Viele Gaben. Und wir erhielten die Werkzeuge, mit denen wir das Beste aus unserer irdischen Erfahrung herausholen können. Er gab uns Macht. Er gab uns Stärke. All diese Gaben, all diese Einsichten sind uns geschenkt, auf dass wir klug damit umgehen.

Dafür bin ich dankbar.

TEIL IV:

BEZIEHUNGEN

SPIELGEFÄHRTEN, HELFER UND SEELENGEFÄHRTEN

Seit dem Anbeginn aller Zeiten haben Männer und Frauen nach dem passenden Partner gesucht. Zu Anfang stand die Fortpflanzung im Vordergrund, das vom Instinkt geleitete Bedürfnis, den Fortbestand der menschlichen Spezies zu sichern. Heute ist dieser Instinkt nicht mehr dominant, es gibt ja auch genug von uns auf diesem Planeten, um unsere Existenz zumindest so lange zu gewährleisten, bis wir uns selbst in die Luft jagen.

Unsere Gründe, eine Beziehung zu wollen, haben sich also geändert, und jetzt suchen die meisten von uns nach einem Seelengefährten, *ihrem* Seelengefährten, nach dem Menschen, der alle unsere Träume erfüllt und uns für den Rest unseres Lebens glücklich macht.

Liebe liegt in der Luft, so heißt es in einem Schlager, und auch im Film und in unzähligen Liebesromanen wird uns vorgegaukelt, dass es wahre Liebe gibt und die Glücklichen unter uns sie auch finden. Wenn es nun stimmt, dass jeder von uns einen Seelengefährten hat, warum ist er dann so schwer zu erwischen? Der Prozentsatz an glücklichen, zufriedenen Beziehungen ist niedrig und wird immer niedriger. Wenn wir daran glauben, dass das Schicksal für jede Seele einen idealen Partner vorgesehen hat, dann möchte ich gerne wissen, wo meiner abgeblieben ist.

Ich glaube, mein erster Seelengefährte war John, und er war wirklich wundervoll. Er war ein Wasserzeichen, hatte wie ich eine extrovertierte Energiequelle und war eine Alte Seele. Wir passten tatsächlich perfekt zusammen. Allerdings war ich damals noch jung, zu jung, erst sechzehn, und mein Vater billigte die Romanze nicht. Die Beziehung ging auseinander.

Dann kam Andrew, mein erster ernsthafter erwachsener Seelengefährte. Es war Liebe auf den ersten Blick, und ich war so blind vor Liebe, dass ich nicht bemerkte, dass mein Seelengefährte bereits eine Partnerin hatte und verheiratet war. Es gab keinen Zweifel daran, dass Andrew mich liebte wie ich ihn, dass wir füreinander bestimmt waren – nur nicht für immer und ewig.

Nach Andrew handelten für mich alle Liebeslieder nur noch von gebrochenen Herzen. Mein Leben lag in Scherben, und ich redete mir ein, ich würde nie wieder lieben können. Ich suchte nicht mehr, die Liebe war mir zu schmerzlich. Ich begann glücklich zu sein in meiner Einsamkeit und begrub meine Träume und Hoffnungen in meiner Arbeit. Und es funktionierte. Es tat nicht mehr weh, ich weinte nicht mehr, und zum ersten Mal in meinem Leben entdeckte ich *mich* und war wirklich zufrieden. Ich wurde mein eigener Seelengefährte, mein eigener Freund und konnte all meine wichtigen Bedürfnisse selber erfüllen. Aber Sie wissen ja, wie das Sprichwort lautet: Wenn du aufhörst, nach Liebe zu suchen, sucht die Liebe nach dir.

Ist Ihr Seelengefährte irgendwo dort draußen? Für mich warteten dort noch mindestens zwei Irrtümer. Oder waren diese »Irrtümer« einfach nur Gelegenheiten?

Grauer Adler sagte mir, es gebe drei Arten von Seelengefährten. Es gibt Seelen, die in unser Leben kommen, damit wir wachsen und lernen – und es wurde vor unserer Geburt entschieden, dass dies Bestandteil unserer irdischen Erfahrung sein sollte. Diese Seelen sind unsere Helfer und nicht zwangsläufig romantische Partner, obwohl sie es sein können. Andere Helfer sind unsere Eltern und Geschwister, unsere Freunde und Kinder und sogar die kurzen Begegnungen, die wir manchmal haben, wenn eine Seele Herz und Seele eines anderen berührt.

Auch Spielgefährten sind eine Art Seelengefährten. Mit diesem Ausdruck bezeichne ich die Menschen, mit denen wir etwas gemeinsam haben und an die wir uns anschließen. Sie können unter Umständen die gleiche Energie wie wir haben und aus der gleichen Gruppe stammen, aber ihr Einfluss auf unseren Wachstumsprozess ist möglicherweise nur gering und bemerkenswert lediglich wegen der guten Erfahrungen, die wir mit ihnen machen. Aber auch wenn sie nur einen kleinen Teil unseres Geistes berühren, werden sie im größeren Plan wichtig. Wir erinnern uns an sie. Unsere Seele erinnert sich an sie. Ich hatte eine Freundin, Ann, die definitiv eine Spielgefährtin war; wir plauderten miteinander, tranken Kaffee, gingen bummeln, trafen uns einmal in der Woche zum Essen, und das half mir in einer Zeit, als meine Ehe katastrophal war und ich eine Freundin brauchte – eine Spielgefährtin. Jemand, mit dem ich reden und zusammen sein konnte. Meine Einsamkeit wurde dadurch sehr gelindert.

Und dann gibt es natürlich die Person, die wir als Seelengefährten bezeichnen: die eine Seele, die dort draußen ebenso nach uns sucht wie wir nach ihr; jene Seele, die uns erst vollständig macht, unsere andere Hälfte. Glück, Zufriedenheit, wahre Liebe – wir glauben, nur unser Seelengefährte kann all unsere Träume erfüllen.

In allen Beziehungen, die wir jemals hatten, ob mit Spielgefährten, Helfern oder Seelengefährten, gab es gute Gründe, warum wir uns zu ihnen hingezogen fühlten, und ebenso gute Gründe, warum wir jetzt vielleicht nicht mehr zusammen sind.

Für diejenigen unter Ihnen, die ihren Seelengefährten gefunden haben, glücklich verheiratet sind und eine erfüllte Beziehung führen, liegen die Gründe auf der Hand: Sie sind mit einer Seele zusammen, deren Energiefluss und deren Zeichen mit Ihren kompatibel sind, und sie waren beide so reif, es zu bemerken. Sie waren nicht nur füreinander bestimmt, sondern hatten auch die nötige Reife und Bereitschaft, um an den Problemen in Ihrer Beziehung zu arbeiten.

Wäre ich John zu einem späteren Zeitpunkt begegnet, an dem wir beide reifer und erfahrener gewesen wären, so hätten wir gute Chancen auf eine erfüllte und glückliche Beziehung gehabt. Wenn ich sage John, meine ich natürlich in Wirklichkeit ein Wasserzeichen, eine Alte Seele, die mein kompatibelster Gefährte und meine beste Chance auf Glück wäre. Das wäre dann mein Seelengefährte gewesen.

Wenn Sie verstehen, wie unterschiedlich Seelenzeichen interagieren, werden Sie auch begreifen, warum manche Beziehungen nicht funktionieren, auch wenn sich beide Partner noch so viel Mühe geben. Da prallt einfach die Energie zweier inkompatibler Seelenzeichen aufeinander. Niemand ist daran schuld, sondern beide verhalten sich nur ihrem Charakter gemäß, getrieben von ihrer eigenen besonderen Energiekraft. Jeder von uns hat die Möglichkeit, jemandem zu begegnen, der gut zu ihm passt, aber wir müssen erst einmal lernen, welche Seelenzeichen richtig für uns sind und welche nicht. Und dann müssen wir natürlich auch noch die Weisheit und die Reife besitzen zu wissen, wann wir festhalten und wann wir loslassen müssen.

Die vier Seelenzeichen, die am ehesten Ausgewogenheit in eine Beziehung bringen, sind unsere zentralen Seelenzeichen: die Träumende Seele, die Visionär Seele, die Prophet Seele und die

Friedensmacher Seele. Sind Sie ein extremes Energiezeichen, was auf alle acht anderen Zeichen im Seelencluster zutrifft, und haben eine Beziehung mit einem zentralen, ausgewogenen Zeichen, dann stehen Ihre Chancen für eine gelingende Partnerschaft gut.

Beziehungen zwischen zwei extrovertierten oder zwei introvertierten Zeichen können sehr gut, aber auch sehr schlecht sein. Da sie sich beide in dieselbe Richtung bewegen, werden beide sehr gut verstehen, wie der andere tickt. Es wird jedoch auch Machtkämpfe geben, vor allem zwischen Feuer- und Erdzeichen, den beiden offensichtlicheren und deutlich stärkeren Energiequellen, und das wird zwangsläufig zu Konflikten führen. Die gefährlichste und vielleicht schwierigste Kombination von Seelenzeichen ist die zwischen extrem extrovertierten und extrem introvertierten. Sie sind völlige Gegensätze, die sich zwar oft fatal anziehen, deren Energien jedoch unweigerlich aufeinander prallen.

Ich habe Freunde, ein Paar, das ich sehr gerne mag. Sie ist eine Sucher Seele, er ist eine Neugeborenen Seele, und obwohl Wasser- und Luftzeichen im Allgemeinen kompatibel sind, sind diese beiden Zeichen die inkompatibelste Kombination aus den zwei Gruppen. Warum? Das eine hat einen introvertierten Energiefluss und das andere einen extrovertierten. Sie sind beide vernünftige Menschen und hassen Konflikte, aber da ihre Energie in entgegengesetzte Richtungen fließt, prallen sie immer wieder aufeinander. Das passiert zwar immer seltener, je reifer sie werden und je besser sie einander verstehen, aber es bleibt trotzdem unangenehm.

Extreme können als Freunde sehr gut miteinander zurechtkommen, aber in romantischen oder persönlicheren Beziehungen – wie zum Beispiel Mutter – Tochter, Vater – Sohn, Mann – Frau, Geschäftspartner – Geschäftspartner, Arbeitgeber – Arbeitnehmer – prallen sie wahrscheinlich aufeinander.

Natürlich gibt es Ausnahmen von der Regel. Manche Seelen haben einen Grad an Reife und Wachstum erreicht, der es ermöglicht, dass solche Beziehungen einigermaßen funktionieren. Allerdings wird es auch dann noch ernsthafte Zusammenstöße geben.

Für mich ist es leicht, bei den Paaren in meiner Bekanntschaft zu sehen, welche Beziehungen funktionieren und welche nicht. Wir wollen uns mal einige anschauen, um zu sehen, was wir lernen können.

Sally ist eine Visionär Seele, ein Erdzeichen; David ist eine Reisende Seele, ein Luftzeichen. Sie sind mittlerweile seit fast zwei Jahren zusammen, und größtenteils ist ihre Beziehung gut. David ist im Allgemeinen passiv und unbekümmert, entsprechend seinen Charakterzügen als Reisender, und tut sich mit der Bindung etwas schwer. Er ist Ende vierzig, war nie verheiratet, und es fällt ihm schwer, diesen Schritt zu tun.

Für den Reisenden ist Liebe allein noch lange kein Grund, eine Bindung einzugehen. Er hat immer Angst, etwas zu verpassen, wenn er diesen Schritt tut.

Sally, der Visionär, entspricht ebenfalls ihrem Seelentyp. Sie hat das Bedürfnis, zu jemandem zu gehören, von ihrem Partner beschützt und geliebt zu werden, und sie fühlt sich in dem Niemandsland, in das ihr Partner sie versetzt hat, etwas verletzlich und ungeschützt. Wenn sie nur lange genug wartet, zahlt sich ihre Geduld vielleicht aus – vielleicht aber auch nicht.

David, der Reisende, will nicht gedrängt werden, was Beziehungen angeht, und er muss die Lage im Griff behalten. Wenn Sally möchte, dass diese Beziehung funktioniert, dann sollte sie sich darauf konzentrieren, geduldig zu sein, statt ihren Partner zu einer Entscheidung zwingen zu wollen.

Sollte David die Entscheidung treffen, mit ihr zusammenzuziehen, so darf Sally auf keinen Fall den Versuch machen, Druck auf ihn auszuüben. Solange Sally David die Freiheit lässt, für sich selber statt für sie beide zu handeln, wozu Erdzeichen eine Neigung haben, dann haben sie eine gute Chance. David allerdings muss auch Sallys Bedürfnis nach Sicherheit verstehen lernen – eins der Hauptbedürfnisse des Visionärs.

Sie wirken einigermaßen kompatibel, und woher kommt das? Ganz einfach: David ist eine extreme, introvertierte Energie, und Sally ist eine ausgewogene Zentralenergie. Es gibt sehr wenig Gezerre, weil ihre Energien häufig in dieselbe Richtung fließen. Auseinandersetzungen zwischen ihnen sind zwar, wie in allen Beziehungen, unvermeidlich, aber sie werden nicht so häufig vorkommen und nur dann, wenn Sallys Energie in die extrovertierte Richtung fließt. Diese Fähigkeit, sich in alle möglichen Richtungen zu bewegen oder auch ausgewogen zu bleiben, liegt in der Natur aller zentralen Seelenzeichen und hat entschieden Vorteile.

Debbie, ein Feuerzeichen, eine Träumende Seele, ist mit Reg, einer Rückblickenden Seele zusammen. Beide sind Feuerzeichen. Wie kann das gut gehen? Sie sind seit achtundzwanzig Jahren verheiratet und hatten nicht wenig Probleme, wie man das von zwei Seelen mit so einer starken Antriebsenergie nicht anders erwarten würde. Aber ihre Beziehung ist trotzdem recht stabil.

Reg ist, entsprechend den Charakterzügen der Rückblickenden Seele, nur selten zufrieden und beklagt sich gern und häufig. Ganz gleich, wie gut es das Leben mit ihm meint – und es geht ihm wirklich gut –, ihm reicht es anscheinend nie. Sein Glas ist immer halb leer, nie halb voll, und für ihn muss alles mehr als perfekt sein. Sie erinnern sich vielleicht, dass unsere Rückblickende Seele es vielleicht am schwersten von allen

Seelenzeichen hat, weil ihre negative Natur nicht leicht zu ertragen ist. Welches Seelenzeichen könnte da denn überhaupt kompatibel sein?

Träumende Seelen haben einige wirklich wunderbare Charakterzüge. Debbie benutzt ihre Antriebskraft still und unauffällig. Niemand würde ihren eisernen Willen und ihre leidenschaftliche Natur hinter dieser scheinbar passiven Person vermuten. Die Tatsache, dass sie und Reg aus der gleichen Energiegruppe stammen, bedeutet, dass sie einander instinktiv sehr gut kennen. Noch wichtiger ist jedoch, dass die Fähigkeit der Träumenden Seele, die Dinge durch eine rosarote Brille zu sehen, diese Beziehung wirklich kompatibel macht. Debbie ist in der Lage, ihren Mann als Ritter in schimmernder Rüstung zu sehen. Sie übersieht seine Negativität einfach, versteht sein Bedürfnis nach Perfektion und hält eisern an ihrem Traum fest. Konsequenterweise ist sie meistens zufrieden mit dem, was sie hat. Reg, der Rückblickende, ist so glücklich, wie er es zulässt – wahrhaftig wie eine Rückblickende Seele.

Ihre Ehe funktioniert, weil Reg eine extreme introvertierte Energie ist und Debbie eine ausgewogene Zentralenergie, die leicht mit dem Energiestrom ihres Mannes mitfließen kann, genau wie bei Sally und David. Und daraus ergeben sich relativ wenige Auseinandersetzungen und echte Harmonie.

Noch ein paar Beispiele. Gordon ist ein Jäger, Sandra ein Krieger. Beide sind Erdzeichen. Dieses Paar hat sich auf den ersten Blick ineinander verliebt – Gleich zu Gleich gesellt sich gern. Aber ihre Energie fließt in entgegengesetzte Richtungen, was sie beinahe völlig inkompatibel macht. Was an dieser Beziehung gut war und unter nicht romantischen Bedingungen eine tiefe Freundschaft hervorgebracht hätte, ist, dass jeder eine Energie hat, die der andere bewundert und versteht. Die

Krieger Seele fühlt sich zum Jäger hingezogen, weil alle Krieger Stärke und Unterstützung von den Menschen in ihrer Umgebung brauchen. Der Jäger wurde von Sandra aus ähnlichen Gründen magnetisch angezogen, weil er in ihr eine Person erkannte, die nicht bedürftig war und keine Aufmerksamkeit verlangte, die er nicht geben konnte und wollte. Beide waren sich so ähnlich, aber doch weit voneinander entfernt. Da ihre Energie so deutlich in entgegengesetzte Richtungen fließt, hielt ihre Beziehung dem Machtkampf nicht stand.

Ein Beispiel für zwei Wasserzeichen sind Denise, eine Alte Seele, und Michael, ein Friedensmacher, die seit siebenundzwanzig Jahren glücklich miteinander verheiratet sind. Einer ist ein extrem extrovertiertes Zeichen, der andere ein zentrales Zeichen. Der Friedensmacher ergänzt die Alte Seele perfekt, da sie aus derselben Quelle stammen. Jeder ist in der Lage, in allen Bereichen ihres gemeinsamen Lebens Kompromisse zu finden. Obwohl auch sie Auseinandersetzungen haben, haben Michael und Denise einen ausgewogenen Energiefluss, der Frieden und Harmonie in ihrer idealen Beziehung schafft.

Joan, ein Strahlender Stern, und Steve, ein Reisender, haben beide einen extremen Energiefluss, der eine nach außen gerichtet, der andere nach innen. Einer – aufregend, hohe Energie, verspielt, braucht Rampenlicht und Aufmerksamkeit – ein Feuerzeichen. Der andere – ein Luftzeichen, unbeschwert, meistens passiv, freut sich an der Andersartigkeit der Partnerin. Da sie viele gemeinsame Interessen hatten, wirkten die beiden kompatibel, und ihre Beziehung dauerte auch mehrere Jahre, was allerdings teilweise damit zusammenhing, dass sie sich höchstens zwei oder drei Mal die Woche sahen und nicht zusammenlebten. Dann stellte Joan eines Tages fest, dass sie mehr brauchte als eine Teilzeitbeziehung. Das war der Anfang vom Ende. Sie stritten sich immer häufiger, weil Steve, der Reisende, zwar die Aufregung und Spannung liebte, die der

Strahlende Stern in sein Leben brachte, sich jedoch auf die Beziehung nicht wirklich einlassen wollte. Der Strahlende Stern brauchte jedoch emotionale Sicherheit, sie musste wissen, dass sie die Nummer eins in seinem Leben war, aber das konnte er ihr einfach nicht vermitteln. Seine introvertierte Energie konzentrierte sich darauf, was für ihn am besten war. Das ist ein Beispiel für zwei extreme Energieströme, von denen einer nach Norden und der andere nach Süden fließt, wobei ein Ungleichgewicht entsteht. Dann passiert das Unvermeidliche: Sie prallen aufeinander, ein Riesenstreit und ... das Ende.

In Beziehungen entstehen Auseinandersetzungen meistens, weil wir versuchen, den anderen zu ändern, oder wenn wir uns wünschen, der andere wäre anders – weil er so anders ist als wir selbst und sein Verhalten uns deshalb kränkt und ratlos macht. Aber wir wissen ja jetzt, dass es Dinge gibt, die wir einfach nicht ändern können. Wie wäre es denn, wenn wir den anderen einfach als Strahlender Stern sähen, der nicht absichtlich unsensibel ist, sondern von seiner Energiekraft getrieben wird? Feuer. Wie wäre es denn, wenn wir den Partner nicht »kontrollsüchtig« nennen würden, sondern eher als jemanden betrachten würden, der einen Plan machen muss, weil er von seiner Energiekraft dazu angetrieben wird? Erde. Oder wie ist es mit dem Luftzeichen, das nichts sagt und sein Schicksal akzeptiert, wo Sie doch so sehr wünschten, dass es endlich mal den Mund aufmachen würde? Und was ist mit diesen kompromissbereiten Menschen, die einen wahnsinnig machen können, weil sie ein Thema so von allen Seiten beleuchten, bis überhaupt keine Entscheidung mehr möglich ist. Zu verstehen und zu akzeptieren, dass sie Wasserzeichen sind und nur ihrer Natur gemäß handeln, kann die Beziehung zu ihnen sehr viel harmonischer gestalten.

Das ist natürlich leichter gesagt als getan. Ein weiteres Beispiel von zwei Menschen mit entgegengesetztem Energiefluss ist meine eigene Ehe mit einem Reisenden, einer extrem introvertierten Energie, während meine nach außen gerichtet ist. Wir waren fünfzehn Jahre lang verheiratet, und wir hatten viele gute Jahre, was wahrscheinlich damit zusammenhing, dass er ein unbeschwertes Luftzeichen war und ich als Erdzeichen sowieso dazu neige, nie die Hoffnung zu verlieren. Aber er war so unbekümmert, dass Rechnungen nicht bezahlt und Ehegelübde nicht gehalten wurden. Es gab eine lange Reihe von Geliebten, aber warum nicht, solange es die Ehefrau (das war ich) nicht herausfand? Wie die meisten Reisenden war mein Mann eine wirklich nette, aber unreife Seele. Ich, damals genauso unreif, war dagegen tyrannisch und fordernd, weil ich instinktiv wusste, was los war, auch wenn ich immer hoffte, dass ich mich irrte. Wäre er nicht fremdgegangen, wäre ich weniger fordernd gewesen, und hätten wir beide an diesen nicht so schönen Charakterzügen gearbeitet, dann wären wir vielleicht noch zusammen und zumindest zufrieden, wenn auch nicht gerade überglücklich. Aber es ist müßig, über so etwas nachzudenken.

Heute weiß ich es besser, und wenn es für mich noch einmal eine Chance auf eine Beziehung gibt, dann werde ich erst einmal sein Seelenzeichen herausfinden und mich vergewissern, dass es mit meinem kompatibel ist ... und wenn das nicht der Fall sein sollte, dann können Sie darauf wetten, dass ich mich sehr schnell in die andere Richtung zurückziehe.

Wenn Sie bereits in einer anstrengenden Beziehung sind, kann es unüberwindlich schwer erscheinen, die Dinge wieder ins Lot zu bringen. Aber es ist möglich. Wenn Sie Ihr eigenes Seelenzeichen und das Seelenzeichen Ihres Partners kennen, dann können Sie Ihre jeweiligen Stärken und Schwächen besser einschätzen. Wenn Sie Ihren Charakter verstehen, sehen Sie eher, wo Sie Zugeständnisse machen müssen. Wenn Sie Ihr Seelenzeichen kennen, fällt es leichter, Entscheidungen darüber zu treffen, welche Art von Partnerschaft Sie wollen; und wenn Sie das erst einmal wissen, dann ist auch die Chance größer, sie zu finden. Und katastrophale Beziehungen können Sie verhindern, indem sie offensichtlich nicht zu Ihnen passende Seelenzeichen meiden. Vorbeugen ist schließlich besser als Heilen.

Wie wir alle wissen, kommen Beziehungen, ganz gleich, welche Seelenzeichen zusammentreffen, einem Balanceakt gleich. Und in unserer modernen Welt, wo meistens beide Partner arbeiten, ist die Rolle des Einzelnen in der Beziehung viel schwieriger zu definieren.

Unsere geistige Energie zeigt ihr Ungleichgewicht in unseren Stimmungsschwankungen. In einer sicheren, glücklichen Umgebung ist die Energie unserer Seele ausgeglichen. Meditation, Yoga oder körperliches Training bringen uns ebenso ins Gleichgewicht wie eine gute Beziehung, ein gesundes Arbeitsklima, eine ausgewogene Ernährung, stabile Freundschaften. Dinge im Leben zu finden, die uns Ausgewogenheit bringen, kann nur gut sein. Die Bedürfnisse unserer Seele zu kennen und zu wissen, wie wichtig es ist, unsere Energiequelle zu identifizieren, ist der erste, entscheidende Schritt. Ausgewogen zu leben und so viel wir können über die Bedürfnisse unserer Seele und die unseres Partners zu lernen – das sind Wege zu unserem Glück.

Endlich haben wir also den Schlüssel dazu und müssen nicht erst alles Mögliche ausprobieren. Wir müssen nicht immer wieder die gleichen Fehler machen. Wir tappen bei der Liebe nicht mehr im Dunkeln, und sie ist kein Zufall mehr.

Das Leben ist ein Balanceakt, Beziehungen kosten Mühe, aber den meisten von uns gelingt es, ihr Leben doch einigermaßen im Gleichgewicht zu halten. Wenn wir nicht in einer befriedigenden Beziehung leben, stecken wir all unsere Energie in die Arbeit. Ob in der Familie, im Freundeskreis oder im Beruf, überall können wir auf kompatible Menschen treffen, mit denen wir uns wohl fühlen. Wir alle können ähnlich geartete Seelen finden, mit denen wir uns austauschen können und die unsere Bedürfnisse erfüllen, wie wir die ihren.

Für die meisten von uns ist das Leben nicht leicht, und noch schwieriger wird es durch unklare Kommunikation und Missverständnisse. Aufregend an den Seelenzeichen ist, dass wir mit unserem neuen Wissen viele verschlossene Türen aufschließen können und dadurch Verwirrung und Missverständnisse vermeiden. Wir haben Gelegenheit bekommen, es endlich »zu kapieren« – uns selbst und andere zu verstehen.

DIE PUNKTE VERBINDEN

Welche Seelenzeichen passen also am besten zusammen? Aus welcher Energiegruppe könnte Ihr Seelengefährte stammen? Dazu müssen wir erst einmal verstehen, wie unsere Elementarenergien interagieren. Um zu wissen, wie wir mit jemandem auskommen werden, müssen wir diese Elementarkräfte genau betrachten, um ihre Bedürfnisse und Gaben zu erkennen.

Wenn Sie zum Beispiel ein Feuerzeichen sind, ist Luft Ihre kompatibelste Gruppe.

Wenn Sie ein Erdzeichen sind, ist Wasser Ihre kompatibelste Gruppe.

Feuer- und Erdzeichen müssen genährt werden. Luft- und Wasserzeichen haben dieses Bedürfnis nicht und können sich eher selber versorgen.

Warum? Wie funktioniert das? Im ersten Fall ist es wichtig zu wissen, dass es Feuer ohne Luft nicht geben kann. Und Erde wird ohne Wasser unfruchtbar, trocken, rissig und verwandelt sich in Staub. Im Idealfall ist also der perfekte Seelenpartner jemand, der uns nährt oder den wir nähren. Unser Ausgangspunkt ist: Feuer *braucht* Luft, und Erde *braucht* Wasser.

Hilfreich ist auch, daran zu denken, dass der kompatibelste Partner für extrovertierte Energie entweder extrovertierte oder zentrale Energie wäre. Der kompatibelste Partner für introvertierte Energie wäre entweder ebenfalls introvertierte oder aber eine zentrale, ausgewogene Energie. Energien, die von Natur aus in dieselbe Richtung fließen, haben weniger Konflikte und Missverständnisse – wichtige Faktoren bei einer Beziehung.

Feuerzeichen brauchen Aufmerksamkeit. Sie brauchen Beifall, emotionale Zuwendung und Rücksichtnahme anderer auf ihre sensible Natur.

Erdzeichen brauchen Teilnahme. Sie müssen mit anderen interagieren, sonst bleiben ihr Planen und ihre Strategien unerfüllt.

Luftzeichen schweben. Sie brauchen Raum, ein gewisses Maß an Freiheit, und obwohl sie gerne mit anderen zusammen sind, sind sie gut dazu in der Lage, sich allein zu beschäftigen.

Wasserzeichen brauchen ebenfalls Raum, um zu fließen und ihre Energie zu kanalisieren. Sie haben einen unabhängigen Geist, obwohl andere sich auf sie verlassen können.

In einer perfekten Welt sähe Ihr idealer Seelengefährte so aus:

	IHR ZEICHEN	DAS ZEICHEN IHRES IDEALPARTNERS
FEUER	*Rückblickender*	*Reisender oder Prophet*
	Träumender	*Neugeborener, Prophet, Reisender*
	Strahlender Stern	*Neugeborener oder Prophet*
ERDE	*Jäger*	*Sucher oder Friedensmacher*
	Visionär	*Alte Seele, Friedensmacher, Sucher*
	Krieger	*Alte Seele oder Friedensmacher*

	IHR ZEICHEN	DAS ZEICHEN IHRES IDEALPARTNERS
LUFT	*Reisender*	*Rückblickender oder Träumender*
	Prophet	*Strahlender Stern, Rückblickender, Träumender*
	Neugeborener	*Strahlender Stern oder Träumender*
WASSER	*Sucher*	*Jäger oder Visionär*
	Friedensmacher	*Krieger, Visionär, Jäger*
	Alte Seele	*Krieger oder Visionär*

Dies ist die ideale Kombination von Seelenzeichen, die uns am besten nährt und uns Licht schenkt. Es gibt jedoch noch zahlreiche andere Kombinationen, die auch gut miteinander funktionieren und uns die Chance geben, glücklich zu sein.

Wir wissen, dass unsere zentralen Seelenzeichen die beste Chance haben, eine kompatible Beziehung zu finden, da sie in jede Richtung mitfließen können und daher besser zu den Energien der anderen Seelen passen. Luft- und Wasserzeichen sind ebenfalls gut kompatibel. Sie sind ausgewogen und eher in der Lage, sich selber zu nähren als Erd- und Feuerzeichen. Luft fließt über Wasser, Wasser fließt unter Luft. Diese Zeichen kommen gut miteinander aus, auch wenn sie nicht zwangsläufig interagieren. Keiner braucht den anderen, aber sie ergänzen beide den Energiefluss des anderen, ohne ihn zu verschlucken.

Lassen Sie uns einmal jedes Seelenzeichen betrachten und schauen, wie es mit anderen zurechtkommt.

FEUER		
	Rückblickend	*Reisender oder Prophet*
	Träumend	*Neugeborener, Prophet, Reisender*
	Strahlender Stern	*Neugeborener oder Prophet*

Die Rückblickende Seele

Die Rückblickende Seele braucht, wie wir festgestellt haben, Perfektion, Aufmerksamkeit und einen Partner, der mit ihrer ultrasensiblen Natur umgehen kann. Emotional und ausgehungert nach Sauerstoff, wie sie ist, braucht sie Luft, aber auf eine sanfte, stetige Art. Die ruhige, unkomplizierte Prophet Seele, die die meisten Menschen akzeptieren kann, kann mit der komplexen und manchmal schwierigen, fordernden Natur der Rückblickenden Seele am besten umgehen.

Kritik, harte Beurteilungen, Anweisungen, was sie zu tun oder zu lassen hat, kann die Rückblickende Seele überhaupt nicht brauchen. Andererseits sollte ihr Partner die Flamme ihrer ständigen Klagen aber auch nicht zu sehr anfachen. Die gefährlichste Kombination für die Rückblickende Seele sind der Strahlende Stern oder der Krieger. Diese Kombinationen ergeben die emotional zerstörerischsten Beziehungen.

Die Träumende Seele

Auch unsere Träumende Seele braucht Beifall, aber im Gegensatz zum Strahlenden Stern, einer extrovertierten Energie, treten die Bedürfnisse der Träumenden Seele weniger offen zutage. Wie bei allen Feuerzeichen muss auch ihre Flamme angefacht werden, aber auf subtile, unauffällige Weise. Alle Luftzeichen kommen mit der Träumenden Seele gut aus, da sie ihr Sauerstoff, Zuwendung und Bestätigung geben, und nach Bestätigung sehnt sich die Träumende Seele am meisten. Es mag sie überraschen, aber die Rückblickende Seele passt in einigen Fällen auch zur Träumenden Seele, allerdings kann diese Beziehung unter Umständen gefährlich sein; dann nämlich, wenn die Träumende Seele die rosarote Brille absetzt und feststellt, wie ihr Partner wirklich ist.

Was die Träumende Seele, wie alle Feuerzeichen, nicht braucht, ist, ignoriert und in ihrer Sensibilität missbraucht oder gezwungen zu werden, sich der »Realität« zu stellen. Und es ist ebenfalls nicht gut für sie, wenn ihr Partner die Flamme erstickt und ihre Träume zerstört, sodass sie sich ihrer selbst unsicher wird. Die gefährlichsten Kombinationen sind Strahlender Stern, Rückblickende Seele, Krieger oder Jäger, da sie die kraftvollsten aller Seelenzeichen sind und im unreifen Zustand dazu neigen, zu sehr um ihre eigenen Ziele zu kreisen. Als zentrale und ausgewogene Energie kann die Träumende Seele jedoch auch diese Kombinationen bis zu einem gewissen Punkt erfolgreich werden lassen.

Die Strahlender Stern Seele

Unser Strahlender Stern muss glänzen, muss im Mittelpunkt der Aufmerksamkeit stehen und bewundert werden. Mit anderen Worten, seine Flamme, seine Energie muss ständig angefacht werden und Sauerstoff bekommen, um am Leben erhalten zu werden. Neugeborene Seelen können dies wirklich gut, da sie offen sind und sich gerne anstecken lassen von der Fähigkeit des Strahlenden Sterns, seine innovativen und manchmal naiven und exzentrischen Ideen ins rechte Licht zu setzen.

Was der Strahlende Stern nicht braucht, ist, ignoriert oder im Stich gelassen zu werden. Man darf ihm auch nicht sagen, dass er zu sensibel, zu emotional oder unbeherrscht ist, und der Partner darf das Feuer auch nicht so entfachen, dass die Flamme außer Kontrolle gerät. Die Rückblickende Seele und der Jäger sind die gefährlichsten Kombinationen für den Strahlenden Stern – es sei denn, der Strahlende Stern hat in einer extremen, dysfunktionalen Umgebung gelernt, die ständigen Kämpfe, die diese Kombination mit sich bringt, zu lieben, beziehungsweise zu hassen.

ERDE ⊕	*Jäger*	*Sucher oder Friedensmacher*
	Visionär	*Alte Seele, Friedensmacher, Sucher*
	Krieger	*Alte Seele oder Friedensmacher*

⊕ *Die Jäger Seele*

Die Jäger Seele muss ein Ziel haben, etwas, wonach sie strebt und worauf sie ihre Anstrengungen konzentrieren kann. Sucher Seelen können das unersättliche Verlangen des Jägers nach neuen Ideen und neuen Zielen nähren, da sie selbst ständig nach neuer Information suchen und die Fähigkeit zu konstruktiver Kritik besitzen – die Interaktion, die beide Seelenzeichen brauchen.

Gift für die Jäger Seele wäre Mangel an Kontrolle, Widerstand gegen ihre Pläne und ständige Einmischung in ihre Ziele. Der Jäger braucht keinen Partner, der übersensibel ist, viel Aufmerksamkeit benötigt, sich ständig der Liebe und Zuneigung versichern muss oder dessen Energie so kraftvoll ist, dass sie bedrohlich wirkt. Die gefährlichsten Kombinationen für den Jäger sind der Krieger und der Strahlende Stern, da sie die am deutlichsten nach außen gerichteten Energien sind und vom Jäger als bedrohlich empfunden werden. Aus diesen Kombinationen entstehen Konflikt, Frustration und Angst.

Die Visionär Seele

Die Visionär Seele muss ihrer Fähigkeit Ausdruck verleihen können, sich eine schöne Umgebung zu schaffen, die ihren familiären wie gesellschaftlichen Bedürfnissen entspricht. Diese Menschen müssen ihre Einsichten mitteilen können, ihre Gabe, Dinge zu erspüren, und sie müssen Raum haben, ihre Einzigartigkeit zu leben. Wie alle Erdzeichen brauchen sie die Gesellschaft anderer, und ihr Brunnen muss ständig gespeist werden, damit er nicht austrocknet. Nahrung brauchen sie in Form von Ermutigung, dem Gefühl, geschätzt zu werden, und einer positiven Reaktion auf ihre einzigartigen Fähigkeiten. Dazu eignen sich alle Wasserzeichen, da sie Erdzeichen nähren.

Was die Visionär Seele nicht braucht, ist Kritik an ihren Hoffnungen und Strategien. Sie braucht keinen Partner, dessen Pläne so viel wichtiger werden, dass sie ihre eigenen Absichten überlagern und das Selbstwertgefühl des Visionärs untergraben. Die gefährlichsten Kombinationen für den Visionär sind der Strahlende Stern oder die Rückblickende Seele, beides Feuerzeichen, die die empathische und sensible Natur des Visionärs verzehren können.

Die Krieger Seele

Die Krieger Seele muss eine Sache vertreten, ganz gleich, wie klein sie ist. Sie braucht einen Plan, eine Strategie, unter Umständen so etwas Simples wie die freiwillige Mitgliedschaft im Schulelternrat oder auch etwas so Ehrgeiziges wie die Funktion eines politischen Experten. Diese Menschen müssen beschützen und dienen und immer handeln. Alte Seelen können diese Energie sehr gut auffüllen, da sie vernünftig sind, gesunden Menschenverstand besitzen und von Natur aus mit beiden Beinen fest auf der Erde stehen.

Die Krieger Seele braucht keine großen Dramen, keine unsensiblen Aktionen oder ständige Opposition. Der Krieger braucht auch keinen Partner, der ihm immer widerspricht, sodass ihn der ständige Kampf ums Durchsetzen mürbe macht. Rückblickende Seelen und Jäger sind die gefährlichsten Kombinationen für den Krieger, da sie beide, genau wie der Krieger, offen kraftvoll und im Gegensatz zum Krieger Zeichen mit introvertierter Energie sind. Diese Kombinationen sind höchstwahrscheinlich zerstörerisch.

LUFT	*Reisender*	*Rückblickender oder Träumender*
	Prophet	*Strahlender Stern, Rückblickender, Träumender*
	Neugeborener	*Strahlender Stern oder Träumender*

Die Reisende Seele

Unser Reisender braucht in jeder Hinsicht Freiheit. Wie alle Luftzeichen ist auch er nicht fordernd oder drängend, sondern lässig und unbeschwert. Er braucht Ruhe, Spaß, Unterhaltung, wenig Chaos und Komplikationen und ein leichtes Leben mit so wenig Verantwortung wie möglich. Die Träumende Seele kann ihm all das geben, ohne dass der Reisende irgendwelche Kompromisse eingehen muss.

Was die Reisende Seele nicht erträgt ist erzwungene Verantwortung und ein eingeschränktes Leben zu Hause. Sie braucht keinen disziplinierten, organisierten, planenden Partner, der starrköpfig und fordernd ist und dazu neigt, die Probleme anderer Leute mit nach Hause zu bringen und so den friedlichen Raum zu zerstören, den der Reisende für sein ruhiges Leben braucht. Die Krieger Seele ist die gefährlichste Kombination für den Reisenden, der eine ist introvertiert, der andere extrovertiert. Diese beiden entgegengesetzten Energien werden Gefühle der Frustration und Irritation schaffen – schlecht für beide Zeichen.

Die Prophet Seele

Der Prophet muss gebraucht werden, sich nützlich und hilfreich fühlen. Er braucht Raum, wie alle Luftzeichen, was sich bei ihm vermutlich in Freiluft-Aktivitäten und einer stressfreien, stimulierenden Arbeitsumgebung äußert. Liebevolle Fürsorge bringt Licht in ihr Leben. Als zentrale, ausgewogene Energie findet die Prophet Seele fast überall Raum, besonders wohl fühlt sie sich mit dem Strahlenden Stern. Sie kann sich in seinem Glanz sonnen, ohne im Rampenlicht stehen zu müssen.

Was die Prophet Seele nicht braucht, ist, dass man ihre Großzügigkeit missbraucht oder für selbstverständlich hält. Sie braucht keinen Partner, der sie unterschätzt oder aus Situationen und Gesprächen ausschließt. Mit ein wenig Mühe ist der Prophet als zentrale Energie in der Lage, die meisten Beziehungen erfolgreich zu gestalten. Gefährlich jedoch ist der Jäger für die Prophet Seele, da er sie unabsichtlich manipulieren und benutzen und ihre Sanftheit und Freundlichkeit für selbstverständlich halten wird.

Die Neugeborenen Seele

Unsere Neugeborenen Seele muss mit originellen Gedanken und innovativen Ideen stimuliert werden. Sie muss dazugehören, braucht jedoch auch Luft und Raum, um sich auszudrücken und kreativ sein zu können, ob als Koch, als Innenarchitekt, als Erfinder oder irgendwo im Verkauf. Einer Neugeborenen Seele muss man erlauben, sie selber zu sein. Der Strahlende Stern passt gut zu ihr, er ist hell und glänzend wie ein neues Spielzeug, mit ihm kann man viel Spaß haben, neue Dinge erleben und sich von ihm faszinieren lassen.

Man darf sich über den Neugeborenen nicht lustig machen. Er braucht keinen Partner, der ihn herunterputzt, der seine Naivität negativ findet und ihm ständig erklärt, er solle endlich erwachsen werden. Rückblickende und Jäger Seelen sind die gefährlichsten Kombinationen für den Neugeborenen; beide sind introvertierte Energien, der absolute Gegensatz zur Neugeborenen Seele, sie frustrieren ihn und schaffen Verwirrung, Verletzung und ein Gefühl äußerster Nutzlosigkeit.

WASSER	*Sucher*	*Jäger oder Visionär*
	Friedensmacher	*Krieger, Visionär, Jäger*
	Alte Seele	*Krieger oder Visionär*

Die Sucher Seele

Der Sucher braucht komplexe Stimulation. Er muss intellektuell gefordert werden und in emotionalen Situationen unemotional bleiben. Wie alle Wasserzeichen muss er mit so wenigen Einschränkungen wie möglich fließen und die Freiheit haben, sich in seinem eigenen Tempo bewegen zu können. Jäger, deren Energie in die gleiche Richtung fließt, sind der perfekte Kanal für dieses Wasserzeichen.

Die Sucher Seele kann es nicht ertragen, in ihrer Suche aufgehalten, behindert oder gelangweilt zu werden. Der Sucher braucht keinen Gefährten, der ihn kontrolliert, ablenkt oder ihm Vorschriften macht oder der ihn mit seinen emotionalen Bedürfnissen und seinem ständigen Streben nach Aufmerksamkeit aussaugt. Ein Strahlender Stern ist die gefährlichste Kombination für die Sucher Seele, daraus resultiert ein ständiger Kampf für beide Zeichen.

Die Friedensmacher Seele

Die Friedensmacher Seele muss versorgen, nähren, vermitteln und gebraucht werden. Sie braucht Familie oder einen Familienersatz wie Kollegen oder Freundschaften, in denen man aufeinander angewiesen ist. Sie löst Probleme, schlichtet

Streitigkeiten, ist Schiedsrichter, gibt Ratschläge und sorgt dafür, dass ihr Rat ernst genommen und geschätzt wird. Als Wasserzeichen und zentrale, ausgewogene Energie kommt sie mit allen Erdzeichen gut aus; der Krieger jedoch, der Interaktion braucht und selbst immer für andere tätig wird, bringt ihr Erfüllung und das Gefühl wahren Wertes.

Die Friedensmacher Seele darf nicht ignoriert und unterschätzt werden. Der Friedensmacher kann nichts mit einem Gefährten anfangen, der nicht auf emotionalem Niveau interagieren kann, oder mit einem Partner, der nie da ist und sich mehr um Angelegenheiten außerhalb der Familie kümmert. Am gefährlichsten ist die Kombination mit einer Rückblickenden Seele, weil sie den Friedensmacher unabsichtlich an die Grenzen seiner Geduld und Toleranz treibt.

Die Alte Seele

Die Alte Seele braucht Interaktion ohne Einschränkung; Gelegenheit zu großen gesellschaftlichen Anlässen, die sie für gewöhnlich selber organisiert, aber auch Zeit für sich alleine. Alte Seelen brauchen Ebbe und Flut, sie brauchen Spaß und Gesellschaft, wenn ihnen danach zumute ist, sie brauchen, dass man ihnen zuhört, sie schätzt und ernst nimmt. Sie sind verlässlich und bodenständig. Krieger schätzen ihre Vernunft, ihre Fähigkeit zu Kompromissen, ihren Sinn für Fair Play und ihr Bedürfnis nach Gerechtigkeit und dem, was richtig ist.

Was die Alte Seele nicht braucht, ist unsensibles oder grausames Verhalten, Grobheit oder Aggression. Die Alte Seele braucht keinen Partner, der seine eigenen Bedürfnisse in den Vordergrund stellt, ohne auf die Bedürfnisse der anderen zu achten. Rückblickende und Jäger Seelen sind die gefährlichsten Kombinationen für die Alte Seele – introvertierte Energien, die sich zuerst um sich selber kümmern und dann erst um die anderen. Diese Kombinationen führen zu Missverständnissen und Reibung.

Wir verstehen jetzt unsere Interaktionen mit anderen besser, was besonders hilfreich ist, wenn es um Liebesbeziehungen geht. Wir wissen nun, welche Partner am besten zu uns passen und welche weniger gut. Wenn Sie sich in jemanden verlieben, dessen Seele perfekt zu Ihrer passt, dann werden Sie wahrscheinlich glücklich zusammen alt, weil Sie alle ernsten Probleme oder Auseinandersetzungen auf positive Art und Weise miteinander lösen können. Natürlich ist selbst die idealste Beziehung nicht frei von Streit, aber wenn Sie das Zeichen Ihres idealen Seelengefährten kennen, erhöhen Sie Ihre Chance auf eine lebenslange, erfüllende Partnerschaft.

Im umgekehrten Fall werden Sie Probleme in der Liebe haben, wenn Sie sich in die für Sie gefährlichste Kombination verlieben. Mit einem Partner, dessen Energie immer in die entgegengesetzte Richtung strebt, sind die Chancen für eine harmonische Partnerschaft gering.

Wir sprechen hier von den besten und schwierigsten Kombinationen, aber wir leben nicht in einer idealen Welt, und die meisten von uns, eigentlich wir alle, sind alles andere als perfekt. Natürlich wünschen wir uns trotzdem den perfekten Partner, aber da wir auf der Welt sind, um etwas über uns und über andere zu lernen, werden wir uns häufig in jemanden verlieben, der keineswegs perfekt zu uns passt. Aber auch diese Beziehungen können uns – zumindest eine Zeit lang – beflügeln und wunderschön sein.

WEITERE MÖGLICHKEITEN

Jetzt, wo wir wissen, mit welchem Seelenzeichen wir am besten harmonieren, sind Sie vielleicht enttäuscht, weil die Person, mit der Sie zusammen sind, nicht dieses Zeichen ist. Bedeutet das jetzt, dass Ihre Beziehung zum Scheitern verurteilt ist? Absolut nicht. Es gibt für uns alle zahlreiche kompatible Seelengefährten, nur erfordern manche von Ihnen mehr Toleranz und Verständnis als andere.

Wie wir gelernt haben, ist der wichtigste Indikator für Kompatibilität der Energiefluss. Gleiche oder ähnliche Richtungen kommen relativ gut miteinander aus, entgegengesetzte dagegen nicht. Gegensätze mögen sich zwar anziehen, aber wenn Sie nach Ihrem Lebenspartner Ausschau halten, schwimmen Sie lieber mit dem Strom.

Da wir nicht immer mit dem wünschenswertesten oder am wenigsten wünschenswerten Seelenzeichen zusammenkommen (Gott sei Dank!), sondern mit einem irgendwo dazwischen, wollen wir einmal die weiteren Möglichkeiten bei der Partnerwahl betrachten.

Unten sehen Sie, wie jedes Seelenzeichen auf die Energie der anderen reagiert und mit ihr interagiert, sodass wir wissen, wo wir stehen, wenn wir eine Beziehung eingehen. Da der Energiefluss unsere Attraktion auf andere beeinflusst und unsere Kompatibilität bestimmt, beginnen wir mit den Zeichen, die mit extremen Energien fließen, nach innen oder nach außen gerichtet, und schauen uns dann die ausgewogene, weniger offensichtliche Zentralenergiegruppe an.

ENERGIEGRUPPE	INTROVERTIERT	ZENTRAL	EXTROVERTIERT
FEUER	*Rückblickender*	*Träumender*	*Strahlender Stern*
ERDE	*Jäger*	*Visionär*	*Krieger*
LUFT	*Reisender*	*Prophet*	*Neugeborener*
WASSER	*Sucher*	*Friedensmacher*	*Alte Seele*
SCHWEFEL	*Dunkel*	*Dunkel*	*Dunkel*

Für jedes Seelenzeichen sind die ersten beiden potenziellen Seelenpartner die beste Wahl, und in dieser Reihenfolge geht es weiter. Sehen Sie selbst.

EXTROVERTIERT				
Strahlender Stern	*Krieger*	*Neugeborener*	*Alt*	*Dunkel*

Strahlender Stern Seele

Die **Neugeborenen Seele** stimuliert und bewundert den Strahlenden Stern, und der Strahlende Stern wird die innovativen Ideen und die Offenheit des Neugeborenen lieben.

Der Strahlende Stern wird auf die Empfindsamkeit und die sorgende Natur der **Propheten Seele** reagieren und sich an diesen Charakterzügen erwärmen.

Mit der **Krieger Seele** gibt es Machtkämpfe, und der Strahlende Stern wird sich beiseite geschoben, ja sogar ungeliebt vorkommen.

Der Strahlende Stern neigt dazu, den Rat der **Alten Seele** zu ignorieren. Er unterschätzt sie und achtet nicht auf ihre Bedürfnisse.

Im Umgang mit einer **Träumenden Seele** kann der Strahlende Stern irritiert, kontrollierend und ein wenig herrisch reagieren, wenn er nicht aufpasst.

Mit der **Visionär Seele** geht es definitiv um Kontrolle, da der Strahlende Stern die Stärke dieses Zeichens unterschätzt und seine Bedürfnisse ignoriert.

Der Strahlende Stern neigt dazu, die kompromissbereite Natur der **Friedensmacher Seele** zu manipulieren und zu missbrauchen.

Die Krieger Seele

Der Krieger und die **Alte Seele** sind eine perfekte Kombination, da der Krieger die Vernunft dieses Partners liebt.

Der Krieger reagiert positiv auf Vernunft und Kompromiss und mag daher die Bodenständigkeit der **Friedensmacher Seele.**

Auf das ständige Bedürfnis der **Strahlender Stern Seele** nach Aufmerksamkeit und Bestätigung reagiert der Krieger nicht gut.

Die undisziplinierte Natur der **Neugeborenen Seele** und ihre Unfähigkeit zu planen und Strategien zu entwickeln, irritiert den Krieger.

Für die **Träumende Seele** ist der Krieger zu fordernd, und er könnte von ihr ein Verhalten erwarten, zu dem sie nicht in der Lage ist, zum Beispiel ein sehr vernunftorientiertes Handeln.

Es besteht die Gefahr, dass der Krieger die Charakterstärke der **Visionär Seele** unterschätzt. Außerdem wird es bei den beiden häufig um Kontrolle gehen.

Wenn er nicht aufpasst, kann der Krieger die unbeschwerte Art der **Prophet Seele** ausnutzen, und er neigt dazu, ihre passive, gebende Natur zu missbrauchen.

Die Neugeborenen Seele

Die Neugeborenen Seele wird von der **Strahlender Stern Seele** inspiriert und angeregt – die beiden passen wirklich gut zusammen.

Die Neugeborenen Seele und die **Träumende Seele**, Luft und Feuer, haben ein paar Zusammenstöße, handeln jedoch beide eher nicht, was sowohl gut als auch schlecht sein kann.

Die Kombination Neugeborener und **Prophet Seele** könnte manchmal für beide Partner ein wenig zu passiv sein, garantiert jedoch eine ruhige, friedliche Beziehung.

Wenn er nicht aufpasst, könnte der Neugeborene dazu neigen, die kompromissbereite Natur der **Friedensmacher Seele** auszunutzen, um seinen Kopf durchzusetzen.

Der Neugeborene reagiert auf Kontrolle nicht besonders gut und könnte sich von der **Visionär Seele** ein wenig eingeschüchtert und eingeschränkt fühlen.

Mit der **Krieger Seele** gerät der Neugeborene häufiger aneinander, weil dieser ihm zu viel plant und der Beziehung nicht genug Freiheit lässt.

Auch mit einer **Alten Seele** gibt es aus Sicht des Neugeborenen zu viele Einschränkungen, die Stress verursachen.

Die Alte Seele

Die Alte Seele und die **Krieger Seele** sind eine perfekte Kombination – beide vernünftig, mit beiden Beinen auf dem Boden –, und die Alte Seele reagiert gut auf die unternehmungslustige Natur des Kriegers.

Das Bedürfnis der **Visionär Seele**, ständig bestätigt zu werden, kann für die Alte Seele manchmal etwas irritierend sein, aber beide haben das Verlangen danach, zu hören und gehört zu werden.

Die Energie der **Friedensmacher Seele** fließt in dieselbe Richtung, aber die Alte Seele könnte sich langweilen, wenn es nicht genug Abwechslung in der Beziehung gibt.

Die **Prophet Seele** könnte ein bisschen zu passiv sein, und die Alte Seele könnte sich langweilen.

Die unrealistischen Züge der **Träumenden Seele** könnten die Alte Seele reizen und ungeduldig machen.

Die Alte Seele würde eine Partnerschaft mit einer **Neugeborenen Seele** auf jeden Fall kontrollieren, für gewöhnlich jedoch in positiver Weise, weil sie sensibel und fürsorglich vorgehen und versuchen würde, das Richtige für beide zu machen.

Bei der **Strahlender Stern Seele** gibt es für eine Alte Seele zu viele Funken, beide wären irritiert und würden wohl bald ungeduldig.

Die Rückblickende Seele

Sie ist von der **Reisenden Seele**, die eine beruhigende Wirkung auf sie hat und Streitigkeiten vermeidet, fasziniert.

Die Rückblickende und die **Prophet Seele** können gut miteinander arbeiten, aber die Rückblickende Seele muss aufpassen, dass sie die gutwillige Natur des Propheten nicht ausnutzt.

Der Rückblickende hat die Tendenz, die Gutwilligkeit der **Friedensmacher Seele** zu missbrauchen und ihr die Energie abzuzapfen.

Solange die **Träumende Seele** ihre rosarote Brille aufbehält und der Rückblickende seine kontrollsüchtige Natur bezähmt, könnte diese Beziehung funktionieren.

Der Rückblickende könnte die sensible **Visionär Seele** unterschätzen oder ignorieren, was diese sehr schlecht verträgt.

Mit der **Jäger Seele** wird es ganz bestimmt Machtkämpfe geben, da beide Zeichen forderndes Verhalten und mangelnde Sensibilität an den Tag legen, und auch wenn die Beziehung hier und da ganz gut funktionieren sollte, wird sie zu anderen Zeiten katastrophal sein.

Der Rückblickende könnte die kompromissbereite Natur der **Sucher Seele** ausnutzen und wird in seiner Neigung zu Missbrauch die starke Natur des Suchers übersehen.

Die Jäger Seele

Die **Sucher Seele** inspiriert den Jäger. Sie hat einen guten Einfluss auf ihn und ermuntert ihn zum Handeln.

Die Beziehung zur **Friedensmacher Seele** funktioniert sehr gut, obwohl der Jäger dazu neigt, sie ein wenig zu überrennen und ihre passive, kompromissbereite Natur auszunutzen.

Der Jäger kann die **Visionär Seele** unterschätzen, sie zu sehr kontrollieren und geht unter Umständen nicht genug auf die emotionalen Bedürfnisse seines Partners ein.

Die unrealistische Natur der **Träumenden Seele** bringt den Jäger zur Weißglut, und dass sie nie handelt, frustriert ihn.

Wenn der Jäger nicht aufpasst, könnte er die passive Natur der **Prophet Seele** missbrauchen und sich unsensibel und gedankenlos seinem Partner gegenüber verhalten.

Definitiv unsensibel wird der Jäger gegenüber der **Rückblickenden Seele** sein. Ihm missfallen ihre Negativität, ihre Unzufriedenheit und ihr Selbstmitleid.

Die **Reisende Seele** harmoniert gut mit der Jäger Seele, wenn beide Partner die gleichen Ziele haben. Es könnte den Jäger jedoch irritieren, dass der Reisende nie handelt.

Die Reisende Seele

Ein idealer Partner für den Reisenden ist die **Rückblickende Seele**, deren Negativität in ihm den Wunsch weckt, ihr ein besseres und erfüllteres Leben zu bescheren.

Gut zu ihm passt auch die **Träumende Seele**, aber zu viel Träumen kann dazu führen, dass die Partner Dinge planen, die sich in der Realität einfach nicht umsetzen lassen. Das kann auf Dauer zu Frustration und Enttäuschung führen.

Der Reisende läuft immer Gefahr, die Gefühle der **Visionär Seele** zu ignorieren, und es bereitet ihm Mühe, Zuneigung und Liebe zu vermitteln, was für den Visionär in einer erfüllten Partnerschaft absolut erforderlich ist.

Mit einer **Prophet Seele** zusammen zu sein, kann ziemlich passiv und eine frustrierende Erfahrung sein, da der Reisende nicht genug Abwechslung hat und sich möglicherweise langweilt.

Der Reisende könnte die emotionalen Bedürfnisse der **Friedensmacher Seele** ignorieren und ihre kompromissbereite, zugewandte Natur missbrauchen.

Der Reisende fühlt sich möglicherweise durch die **Jäger Seele** eingeschränkt, und da er unfähig ist, dem Jäger so viel Aufmerksamkeit zu schenken, wie dieser braucht, kommt es unweigerlich zu Zusammenstößen.

Der Reisende und die **Sucher Seele** neigen dazu, getrennte Wege zu gehen, aber wenn das beiden gelegen kommt – warum nicht?

Die Sucher Seele

Ideal passt die **Jäger Seele**, da beide Zeichen positiv auf neue, aufregende Ideen reagieren, und der Sucher die pragmatische Natur des Jägers schätzt.

Der Sucher wird von der **Visionär Seele** inspiriert, muss jedoch darauf achten, dass er nicht das Bedürfnis des Visionärs nach emotionaler Interaktion ignoriert.

Der Sucher reagiert frustriert oder verwirrt, wenn die **Träumende Seele** zu versponnen oder zu unrealistisch ist.

Ungeduld und Mangel an Inspiration können sich beim Sucher aufgrund der passiven Natur der **Prophet Seele** einstellen.

Es besteht die Gefahr, dass der Sucher die emotionalen Bedürfnisse und familiären Ansprüche, die die **Friedensmacher Seele** hat, nicht berücksichtigt.

Der Sucher kommt mit der **Reisenden Seele** zurecht; wenn sie jedoch unterschiedliche Interessen haben, könnten sie getrennte Leben führen, was sowohl gut als auch schlecht für beide Partner sein kann.

Für die **Rückblickende Seele** und den Sucher gibt es in

Kombination zu viel Negativität, was beide bedrückend und anstrengend finden.

An unseren Beispielen der nach außen und nach innen gerichteten Energieflüsse sehen wir deutlich, was bei den einzelnen Seelenzeichen Irritationen und Probleme verursacht, die für ihre Beziehungen schädlich sein können. Jeder von uns reagiert mit seiner Persönlichkeit auf die Charakterzüge des anderen, und während manche Menschen gewisse Züge liebenswert finden, kommen andere damit überhaupt nicht zurecht. Was die einen frustriert und wütend macht, inspiriert andere und erzeugt Bewunderung bei ihnen. Warum? Energien können in dieselbe Richtung fließen, sich mischen und einander nähren, sie können jedoch auch aufeinander prallen, sich schwächen und unglücklich machen.

Die zentralen, ausgewogenen Seelenzeichen passen sich leichter an. Sie sind weniger fordernd, weniger drängend, weniger kraftvoll. Lassen Sie uns diese Zeichen einmal anschauen, um zu sehen, wie sie auf andere Seelenzeichen reagieren.

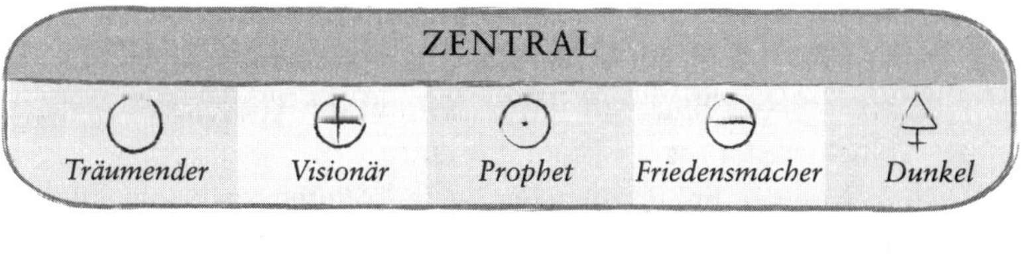

Die Träumende Seele

Mit der Strahlender Stern Seele kann es manchmal zu viele Funken, zu viel Feuer geben, was für beide anstrengend ist, aber mit ihrer rosaroten Brille kann die Träumende Seele damit zurechtkommen.

Die **Rückblickende Seele** kann hervorragend zum Träumenden passen, es sei denn, die Umstände zwingen die Träumende Seele dazu, die rosarote Brille abzusetzen und die negative, kontrollierende Seite des Partners zu erkennen.

Die **Krieger Seele** kann für den Träumenden einschüchternd und viel zu bodenständig sein. Das verursacht Verwirrung und Angst.

Um Kontrolle und Reserviertheit geht es auch in der Beziehung mit der **Visionär Seele.**

Der Träumende findet die **Jäger Seele** möglicherweise viel zu kontrollsüchtig und auch zu realistisch und bodenständig.

Eine **Neugeborenen Seele** könnte der ideale Partner für den Träumenden sein, weil sie innovativ und inspirierend ist. Manchmal ist sie allerdings auch ein bisschen unrealistisch, und es besteht die Gefahr, dass sich beide zu weit von der Realität entfernen.

Die **Prophet Seele** könnte beruhigend wirken und die Kreativität und Inspiration des Träumenden fördern.

Ein guter Partner wäre die **Reisender Seele,** vor allem, wenn beide Zeichen die gleichen Lebensträume haben.

Der Träumende findet die **Alte Seele** zu nüchtern, und ihr realistischer Blick auf die Welt kann die Träumende Seele so blockieren, dass ihr Feuer erlischt.

Mit der **Friedensmacher Seele** könnten zu wenig Funken sprühen, und zu wenig Inspiration oder Motivation können den Traum für den Träumenden glanzlos machen.

Der Träumende schenkt der **Sucher Seele** vielleicht nicht genug Aufmerksamkeit, und beide werden sich fragen, warum in ihrer Beziehung Gefühle fehlen und was sie falsch machen.

⊕ *Die Visionär Seele*

Den Visionär könnte es frustrieren, das Bedürfnis des **Strahlenden Sterns** nach Aufmerksamkeit nicht zu erfüllen, und beide werden vermutlich Probleme mit Kontrolle haben, aber daran können sie arbeiten. Sonst passen sie gut zusammen.

Der Eigensinn der **Träumenden Seele** könnte Auseinandersetzungen verursachen, im Großen und Ganzen jedoch passen sie gut zusammen.

Ebenfalls um Kontrolle geht es in der Verbindung mit der **Rückblickenden Seele**, deren unsensibles Verhalten den Visionär verletzen könnte.

Die Beziehung zur **Krieger Seele** funktioniert gut, da beide Zeichen einander zum Handeln inspirieren können.

Für den Visionär könnte auch die Verbindung mit der **Jäger Seele** funktionieren, aber dabei spielt Sensibilität eine große Rolle, und Streit ist unvermeidlich, wenn es nicht genug emotionale Interaktion gibt.

Die Beziehung zur **Neugeborenen Seele** kann Spaß machen, aber ihn wird ihr undiszipliniertes Verhalten frustrieren.

Der Visionär neigt dazu, die Gutwilligkeit der **Prophet Seele** auszunutzen und unsensibel auf ihre Gefühle zu reagieren.

Das Bedürfnis des Visionärs nach emotionaler Kommunikation kann zu Auseinandersetzungen führen, wenn der Partner eine **Reisende Seele** ist.

Die **Alte Seele** kann die Bedürfnisse des Visionärs erfüllen, und Inspiration und Sensibilität finden sich bei beiden.

Der Pragmatismus und die Familienwerte der **Friedensmacher Seele** sind bekömmlich für beide Partner.

Der Visionär hat das Bedürfnis, emotional genährt zu werden und braucht wahrscheinlich mehr Interaktion, als die **Sucher Seele** geben kann.

Die Prophet Seele

Die **Strahlender Stern Seele** kann eine großartige Kombination sein, es besteht jedoch die Gefahr, dass sie die Gutwilligkeit des Propheten ausnutzt.

Die **Träumende Seele** kann inspirieren, der Prophet sollte jedoch darauf achten, dass die Beziehung auch von gemeinsamem Tun erfüllt wird.

Der Prophet wirkt beruhigend und erfüllt das Bedürfnis der **Rückblickenden Seele**, gebraucht zu werden.

Eine Beziehung mit der **Krieger Seele** kann anstrengend sein, da der Prophet es mühsam findet, mit all ihren Plänen Schritt zu halten.

Bei der **Visionär Seele** könnte Kontrolle ein Thema sein, da der Prophet möglicherweise passiver und fügsamer reagiert, als ihm gut tut.

Es wird den Propheten frustrieren, wenn er sich von der **Jäger Seele** manipulieren lässt. Unter Umständen reagiert er aggressiv darauf, was für beide Partner gefährlich sein kann.

Die Beziehung mit der **Neugeborenen Seele** kann gut funktionieren, aber beide Partner müssen darauf achten, hier und da neue Ideen einzubringen.

Der Prophet ist manchmal zu passiv, was die **Reisende Seele** lähmt und frustriert.

Der Prophet gerät mit der **Alten Seele** aneinander – zu hohe Erwartungen und Kontrolle.

Eine Partnerschaft zwischen einem Propheten und einer **Friedensmacher Seele** kann passiv und von geringer Energie sein, was zwar harmonisch wirkt, aber auch Frustration und Langeweile hervorrufen kann.

Die Kombination mit der **Sucher Seele** erfordert Arbeit von beiden Partnern, damit der Prophet aktiv teilnehmen kann.

Die Friedensmacher Seele

Die **Krieger Seele** ist eine sehr gute Kombination, da beide Partner pragmatisch und kompromissbereit sind.

Für den Friedensmacher kann die Beziehung zu einer **Strahlender Stern Seele** funktionieren, aber es kostet viel Kraft, da der Strahlende Stern die kompromissbereite Natur des Friedensmachers ausnutzt.

Die **Träumende Seele** passt gut zum Friedensmacher, aber ihre wenig bodenständige Natur kann Frustration und Ungeduld hervorrufen. Außerdem versteht der Friedensmacher nur mit Mühe, was die Träumende Seele bewegt.

Der Friedensmacher findet eine Partnerschaft mit der **Rückblickenden Seele** anstrengend und frustrierend, weil diese Menschen nie zufrieden sind.

Die **Visionär Seele** passt gut zum Friedensmacher, da beide von innovativen Ideen und Kreativität inspiriert sind.

Eine Beziehung mit der **Jäger Seele** könnte halten, dürfte aber auch anstrengend sein, da der Friedensmacher möglicherweise zu viele Kompromisse eingehen muss.

Die **Neugeborenen Seele** und der Friedensmacher haben Respekt voreinander.

Der Friedensmacher findet die **Prophet Seele** vielleicht zu unbeschwert und zu wenig tiefgründig.

Die **Reisende Seele** passt gut, aber der Friedensmacher muss aufpassen, dass er nicht zu viele Kompromisse eingeht.

Die **Alte Seele** und der Friedensmacher inspirieren einander, beide schließen Kompromisse und sind vernünftig, aber möglicherweise verstärken sie gegenseitig ihre Passivität.

Die **Sucher Seele** wirkt anregend auf den Friedensmacher, aber er muss sich vor zu vielen Kompromissen hüten, die ihn frustrieren und seine Gefühle verletzen könnten.

SPIEGELBILD

Wie wir gesehen haben, gibt es viele verschiedene Kombinationen von Seelenzeichen; manche passen gut zusammen und manche nicht. Eine Art der Liebesbeziehung haben wir jedoch noch nicht betrachtet. Was ist, wenn Sie sich sozusagen in Ihr Spiegelbild verlieben? Ein Strahlender Stern mit einem Strahlenden Stern, ein Prophet mit einem Prophet – wie würden diese Beziehungen funktionieren?

Lassen Sie uns einmal einen Blick darauf werfen.

Rückblickender – Rückblickender

Zwei Rückblickende Seelen könnten zueinander passen, wenn beide ständig über das Gleiche negativ dächten, aber das dürfte schwierig werden. Wenn Sie jedoch wirklich gerne elend sind und nach einem Partner Ausschau halten, der das Leben genauso empfindet, dann ist das die perfekte Verbindung. Wir kennen doch alle den Ausspruch: Ein Unglück kommt selten allein …

Träumender – Träumender

Zwei Träumende Seelen könnten eine Katastrophe hervorrufen, da sie beide in den Wolken schweben. Wenn sie jedoch Menschen in ihrer nächsten Umgebung haben, die für sie planen und sie auf einen stabileren Kurs bringen, haben sie vielleicht Glück. Allerdings lassen sich Feuerzeichen nicht so gut von außen lenken, deshalb ist das vermutlich eine unrealistische Erwartung.

Strahlender Stern – Strahlender Stern

Zwei Strahlender Stern Seelen würden extrem gut zueinander passen, wenn sie jeder als Individuum glänzen dürften. Zwei Filmstars zum Beispiel, zwei Politiker, oder ein Schauspieler und ein Maler gäben ein gutes Paar ab, da sich jeder in seinem Beruf profilieren und den nötigen Beifall finden könnte. Gefährlich wird es, wenn ein Partner erfolgreicher ist als der andere. Das würde in Kampf und einer Explosion der Emotionen enden.

Jäger – Jäger

Zwei Jäger Seelen würden gut zueinander passen. Sie haben beide gute Instinkte, wissen, was sie vom Leben wollen und was sie tun müssen, um ihre Pläne Wirklichkeit werden zu lassen. Jeder ist in der Lage, den anderen zu bewundern, mit Energie zu versorgen, zu ermutigen und zu motivieren. Wenn jedoch die Ziele unterschiedlich sind oder einer von ihnen krank wird und aus sonst irgendeinem Grund nicht mehr das

Jägerspiel spielen kann – das Territorium markieren und die Jagd planen –, dann würde der andere ohne große Schuldgefühle einfach weitergehen. Außerdem gäbe es, wie bei allen Erdzeichen, von Zeit zu Zeit zwangsläufig Auseinandersetzungen über das Thema Kontrolle.

Visionär – Visionär

Zwei Visionär Seelen können einander wie alle Erdzeichen wirklich ergänzen und motivieren sich gegenseitig. Sie bewundern und ermutigen die Kreativität und Sensibilität ihres Partners und ermuntern einander auch zum Handeln. Allerdings wird es auch hier Zusammenstöße geben, wenn auch weniger heftig als zwischen Krieger und Krieger oder bei Jägern. Hauptsächlich geht es dabei um Kontrollthemen, und wenn ein Partner ein anderes Ziel verfolgt, könnte der andere versuchen, eine Änderung zu erzwingen.

Krieger – Krieger

Zwei Krieger Seelen können gut miteinander auskommen, vor allem, wenn sie in ihren Zielen übereinstimmen. Es macht ihnen viel Spaß, miteinander Pläne zu entwickeln, sie verstehen die Bedürfnisse und Wünsche des anderen und werden unermüdlich gemeinsam daran arbeiten, ihre Ziele zu erreichen. Auseinandersetzungen werden jedoch unvermeidlich sein, vor allem dann, wenn beide Boss sein wollen. Für den Krieger muss es immer jemanden geben, der führt, und jemanden, der folgt. Solange das beiden Partnern klar ist und jeder bereit ist, ab und zu einmal zurückzustehen, kann die Verbindung gut funktionieren.

Reisender – Reisender

Zwei Reisende Seelen können gut miteinander auskommen, vor allem, wenn sie genug Geld haben, das zu tun, was ihnen gefällt. Die Verbindung wird anregend sein, da beide bereit sind, sich zu bewegen oder zu verändern und Neues auszuprobieren. Die unruhige Natur des Reisenden und die Tatsache, dass er sich erst irgendwo niederlassen kann, wenn er älter ist, könnte ein Problem darstellen, vor allem wenn einer das Stadium der Reife bereits erreicht hat und der andere noch nicht. Dann tun sie sich gegenseitig an, was sonst immer nur bei anderen passiert: der Jüngere, Unreifere zieht weiter.

Prophet – Prophet

Zwei Prophet Seelen können eine sehr harmonische Verbindung miteinander eingehen. Jeder achtet den anderen und respektiert seine passive, liebevolle Natur. Bei dieser Kombination gibt es kaum Auseinandersetzungen, da normalerweise beide Partner sich bemühen, füreinander da zu sein. Gefährlich würde es nur, wenn sich einer langweilte und meinte, er bräuchte ein wenig Aufregung im Leben, während der andere mit dem Leben, das er führt, zufrieden ist.

Neugeborener – Neugeborener

Zwei Neugeborenen Seelen könnten es großartig miteinander haben. Spaß, Spaß und noch mehr Spaß ... bis dieses gefürchtete Wort *Realität* seinen Weg in die Beziehung fände. Beide Partner wären offen und gesellig, jeder würde den anderen zum

Spielen ermuntern, aber in der realen Welt wäre die Kombination aus diesen beiden Seelenzeichen wohl reichlich riskant, es sei denn, Geld wäre genügend vorhanden und Verpflichtungen gäbe es keine. Doch will ich nicht ausschließen, dass auch ein solches Paar seine Verpflichtungen wahrnehmen kann.

Sucher – Sucher

Die Kombination von zwei Sucher Seelen kann, wie bei allen Wasserzeichen, wirklich gut funktionieren, vor allem wenn beide gleiche Interessen haben. Aber selbst wenn das nicht der Fall ist, können sie sich gegenseitig stimulieren und beeindrucken mit ihrer Neugier, ihrem Bedürfnis zu lernen und der Fähigkeit, Kompromisse zu schließen, um den eigenen Willen wenigstens annähernd durchzusetzen. Ihr Geschick, sich emotional nicht zu sehr zu involvieren, wenn es nicht sein muss – was andere Beziehungskombinationen oft ruinieren kann –, kann dieser potenziellen Partnerschaft Erfolg bringen. Keiner der beiden Partner braucht sich über einen Mangel an Sensibilität oder Vernachlässigung zu sorgen, da sie solche Dinge nicht persönlich nehmen. Deshalb gibt es auf diesem Gebiet keinen Druck, weil jeder den anderen akzeptiert und versteht und sogar erleichtert ist, wenn der andere seine Emotionen unter Kontrolle hat.

Friedensmacher – Friedensmacher

Zwei Friedensmacher Seelen können, ebenso wie die beiden Prophet Seelen, die wundervollen Energien der Wasserzeichen zu höchster partnerschaftlicher Harmonie bringen. Diese Beziehung funktioniert absolut, vor allem wenn die Menschen in ihrer Umgebung – Familie, Freunde, Arbeitskollegen – nicht zu viel Einfluss darauf haben, wie jeder Partner seine Rolle nach außen wahrnimmt. Mit anderen Worten, man muss ihnen Zeit füreinander lassen, damit sie ihre Beziehung über den Bedürfnissen der anderen nicht vernachlässigen. Vernachlässigung und die Unfähigkeit, wirkliche Bedürfnisse und wichtige Themen von trivialeren Anliegen von außen zu unterscheiden, kann das hervorragende Potenzial dieser Beziehung zerstören.

Alt – Alt

Zwei Alte Seelen sind eine hervorragende Kombination. Beide sind ausgewogen, beide schließen Kompromisse und beide können sich in den Standpunkt des anderen versetzen. Echte Probleme könnten nur aus dem extremen Bedürfnis, fair oder besonders kompromissbereit zu sein, entstehen.

NIE WIEDER

Jetzt wissen wir, wie jeder von uns reagieren könnte, zu welcher Reaktion uns unsere Energie veranlasst. In der Vergangenheit haben Energiezusammenstöße unseren Beziehungen geschadet. Missverständnisse, Überreaktionen, Wut und Frustration – alles eine Frage schlecht kompatibler Energien. Warum verlieben wir uns immer wieder in den falschen Typ, stürzen uns immer wieder in Beziehungen, die von Anfang an zum Scheitern verurteilt sind? Zieht das unberechenbare Bedürfnis, gefährliches Gebiet zu erforschen, uns wie ein Magnet an?

Viele Seelen brauchen Aufregung und Herausforderung, und unsere Gegensätze können wir als aufregend und herausfordernd betrachten. Viele von uns sind in einer Umgebung mit Gegensätzen aufgewachsen, mit einem Vater, einer Mutter oder Geschwistern, die anders agieren oder reagieren als wir. Wir lernen dann, uns anzuzweifeln, wünschen uns, akzeptiert zu werden. Warum können wir nicht mehr wie sie sein? Wir haben ein unbewusstes Verlangen danach, die Gefühle zu verstehen, die uns anders machen, und herauszufinden, was mit uns los ist. Viele von uns sind mit Konflikten aufgewachsen; und deshalb fällt es uns schwer, ohne sie zu leben. Wenn es uns an Selbstwertgefühl mangelt, halten viele von uns Glück entweder generell oder aber zumindest für sich selber für unmöglich. Deshalb sabotieren wir unbewusst unser Glück, entscheiden uns für das

Schwierige, Gefährliche, Herausfordernde auf der Basis dessen, was wir erlebt haben, aufgrund der Beispiele, die man uns gegeben hat und aufgrund der Lektionen, die wir gelernt haben.

Um schlechte Beziehungen zu erdulden, muss man jedoch nicht unbedingt traumatische Erfahrungen in der Kindheit gemacht haben. Ich habe eine Freundin, die aus einer wundervollen Familie kommt, mit zärtlichen, liebevollen Eltern und einer Schwester, die ihr sehr nahe steht. Und doch traf auch sie eine schlechte Entscheidung und war lange Jahre mit einem Tyrannen verheiratet, ehe sie endlich den Mut fand, sich von ihm scheiden zu lassen.

»Was hat dich eigentlich an ihm angezogen?«, fragte ich sie.

»Seine Macht«, erwiderte sie.

»Aber du wusstest doch schon vor der Heirat, was er für einen Ruf hatte, und hattest sein Verhalten am eigenen Leib erlebt«, sagte ich. »Warum hast du es dann trotzdem gemacht?«

»Er hat mich an meinen Vater erinnert, der liebevoll und freundlich war, aber auch cholerisch sein konnte und manchmal solche Wutanfälle bekam, dass er uns alle erschreckte. Ich wusste jedoch immer, dass er uns liebte und alles für uns tun würde.«

Viele Menschen harren aus finanziellen Gründen in schlechten Beziehungen aus oder weil gemeinsame Kinder da sind. Das reden sie sich jedenfalls ein. Sie bleiben, weil sie eine tolle Familie hatten und die Erfahrung gerne wiederholen möchten, oder sie bleiben, weil sie aus schlimmen Verhältnissen stammen und es gerne besser machen möchten.

Was trieb Hilary Clinton, bei ihrem untreuen Mann zu bleiben? Das Geld war es sicher nicht.

Warum bleiben erfolgreiche Menschen, die selber Macht besitzen, in Beziehungen, die sie unglücklich machen?

Wie oft haben wir gedacht: »Was hält jemanden wie sie bei so jemandem wie ihm?« oder »Warum lässt er sich das gefallen?«

Warum sabotieren wir unser eigenes Glück und das Glück der Menschen um uns? Die Antwort ist ganz einfach: erlerntes Verhalten. Die Energie, die wir von früheren Erfahrungen aufgenommen haben. Sie spielt eine riesige Rolle in unserem Leben, beeinflusst unser Denken, unser Fühlen und die Art, wie wir Macht gebrauchen oder missbrauchen.

Wir haben in der Kindheit verletzende Erfahrungen gemacht – bei unserer ersten Liebe, in der Schule, in der Familie. Wir alle haben Blessuren. Einer meiner Freunde hat als Siebenjähriger extrem unter seinem Lehrer gelitten; eine Freundin war von ihrem Vater sexuell missbraucht worden; eine andere Freundin hatte eine zwar liebevolle, aber äußerst kontrollsüchtige Mutter; ein Freund hatte das Gefühl, er sei seinen Eltern als Heranwachsender völlig gleichgültig gewesen. Ich könnte Tausende von Beispielen nennen. Manche sind traumatisch, andere wirken im Vergleich dazu unbedeutend, aber für denjenigen, der verletzt ist, beeinträchtigt schon die kleinste Verletzung das Selbstwertgefühl. Und wenn wir es zulassen, kann aus der winzigsten Verletzung ein Monster werden.

Ich hatte in meinem Leben fünf ernsthafte Beziehungen und bin fünf Mal ernsthaft gescheitert. Jedes Mal bemühte ich mich nach Kräften, aber wenn die Beziehung dann scheiterte, kam ich mir vor wie ein Versager. Natürlich bin ich nicht perfekt, ich mache so vieles falsch, und ich war ganz bestimmt kein Experte in Sachen Liebe. Also, wer bin ich, dass ich Ihnen hier etwas darüber erzählen will, wie man den richtigen Partner findet? Aber das tue ich auch gar nicht, denn zumindest bis jetzt verstand ich auch nichts davon.

Ich hatte also fünf Chancen zum Glücklichsein, und obwohl alle vertan sind, lehrten sie mich doch etwas Wertvolles über mich selber. Abgesehen von der ersten Beziehung, bei der ich siebzehn war, waren alle Männer, die ich mir aussuchte, Gegensätze, was mich betraf, entgegengesetzte Energien: Es musste einfach knallen. Und warum habe ich mich kopfüber in die Katastrophen hineingestürzt, statt eiligst wegzulaufen? Das lag an mir. Unbewusst habe ich die Katastrophe selbst herbeigeführt.

Ich sehe mich an, sehe all die Menschen an, die ich kenne, betrachte die gebrochenen Versprechen, die gescheiterten Beziehungen, und zahlreiche Fragen kommen mir in den Sinn.

Warum bleibt jemand, der bei Verstand ist, in einer Beziehung, obwohl er festgestellt hat, dass der andere verheiratet ist und auch verheiratet bleiben möchte?

Warum bleibt jemand, der bei Verstand ist, in einer Beziehung, in der er körperlich missbraucht wird?

Warum bleibt jemand, der bei Verstand ist, in einer emotional missbräuchlichen und gewalttätigen Beziehung?

Warum lässt sich jemand, der bei Verstand ist, von seinem Partner demütigen, herabsetzen, missachten?

Warum macht jemand, der bei Verstand ist … Und dieses »Bei Verstand sein« ist der Schlüssel.

Alles ist Energie. Unser Verstand ist Energie. Er nimmt Energie auf, setzt sie um und wird davon beeinflusst. Er bewahrt sie, um später darauf zurückgreifen zu können. Hier ein paar persönliche Beispiele für das, was ich meine.

Das Mädchen ist sieben Jahre alt, und aus Gründen, die ihr nie erklärt wurden, wird sie für einige Zeit ins Waisenhaus geschickt. Es ist ihr Geburtstag, aber sie erfährt es erst, als sie beim Frühstück aufstehen muss und alle anderen Kinder »Happy Birthday« für sie singen. Dann wird sie zum Haupttisch gerufen, wo einer der Erwachsenen ihr ein in buntes Papier eingewickeltes Paket in die Hand drückt. Sie ist verwirrt. Sie weiß nicht, was Geburtstagsgeschenke sind, und Gefühle überwältigen sie, die sie in ihrem Alter noch gar nicht begreifen kann. Dies ist das erste von insgesamt zwei Malen, wo sie ein Geburtstagsgeschenk bekommt, bis sie siebzehn ist.

In diesem Moment, der vielleicht fünfzehn Minuten dauert, wird die Energie ihrer Emotionen in ihrem Gehirn verarbeitet, aufgenommen und gespeichert. Später, Jahre später, wird sie die Erfahrung analysieren und daraus schließen, dass sie ihren Eltern kaum etwas bedeutet.

Das Mädchen ist vielleicht drei oder vier Jahre alt und steht klein und voller Angst vor seinem Vater.

»Streck deine Hände aus und lass mich an deinen Fingern riechen«, sagt er mürrisch, und sie streckt ihm furchtsam ihre Hände entgegen. Es ist Morgen, und ihre Mutter hat sie geweckt und aus dem Bett gezerrt. Das ist jetzt immer so, und das Mädchen weiß, was es erwartet. Wenn es im Schlaf die Hände zwischen die Beine gesteckt hat, dann reicht das, um bestraft zu werden. »Geh nach oben, lass die Hose herunter, beug dich übers Bett und warte auf mich.« Das war die Standardbestrafung für böses Verhalten, bis sie sechzehn war. Manchmal kam er schnell nach oben, aber manchmal ließ er sie auch ein oder zwei Stunden warten, weil das Warten schon ein Teil der Strafe war. Dann schlug er sie auf den nackten Hintern, auf die Beine und den Rücken, bis sie schrie.

Wo war ihr Verstand? War sie nicht bei sich, sondern irgendwo, wo sie in Sicherheit war? Keineswegs. Ihr Verstand verarbeitete, nahm auf, analysierte und behielt, wobei er wieder einmal schloss, dass sie nichts wert war. Nichts wert und irgendwie sehr, sehr schmutzig.

Jahre vergehen, sie wächst heran, sie will geliebt werden und lieben ... um beinahe jeden Preis. Und deshalb sind ihre Entscheidungen beeinflusst von ihrer inneren, unbewussten

Sehnsucht nach Akzeptanz und einem winzigen Körnchen Selbstwert.

Mit den Jahren lernt sie, realisiert all diese Dinge. Sie weiß, wo sie Fehler gemacht hat, und bemüht sich sehr, sie nicht zu wiederholen. Aber der Verstand ist so stark geprägt von der Erinnerung an die verletzende Vergangenheit, dass ihre Angst vor Zurückweisung, auch wenn sie ganz tief vergraben ist, immer noch ihre Entscheidungen beeinflusst. Und ohne es zu wissen, da sie die Energie, die sie antreibt, noch nicht versteht, sabotiert sie unbewusst ihr Glück. So, wie es viele, viele andere auch tun.

Der Alkoholiker sabotiert seine Chance auf Glück, weil er unbewusst glaubt, er habe es nicht verdient.

Wer missbraucht, sabotiert seine Chance auf Glück, weil er unbewusst glaubt, er habe nichts Besseres verdient.

Das Opfer sabotiert seine Chance auf Glück, weil es unbewusst glaubt, es habe nichts Besseres verdient.

In dem Buch *Der lange Abschied* lautet eine Zeile: »Keine Falle ist so tödlich wie die Falle, die man sich selber stellt.« Das ist wohl wahr, und unbewusst ist es genau das, was wir tun. Wir stellen uns selbst eine Falle.

Gegensätze ziehen sich an. Jene Energie, von der wir im Unterbewusstsein wissen, dass sie uns zerstört, zieht uns an. Sie ist vertraut, wir kennen sie, sie kennt uns. Im Unterbewusstsein wissen wir, dass wir das Falsche tun, aber wir sind in unserem erlernten Verhalten gefangen, und in seiner Vertrautheit liegt ein seltsamer Trost und vielleicht auch eine Herausforderung. Vielleicht schaffen wir es ja dieses Mal. Vielleicht werden wir dieses Mal nicht abgewiesen, nicht missbraucht, und es zeigt sich endlich, dass auch wir etwas wert sind. Aber es geschieht nicht, unsere Wünsche gehen nicht in Erfüllung, und das Glück bleibt ein Traum. Mit unserem Bedürfnis, akzeptiert zu werden, haben wir uns selber eine Falle gestellt.

Aber es *ist* möglich, akzeptiert zu werden. Für uns alle gibt es die Chance auf Glück und Erfüllung, wenn wir es nur wirklich wollen, wenn wir lernen, unsere Energie, die Energie unserer Seele, jene Energie, die unseren Geist, unseren Verstand, unser ganzes Sein beeinflusst, zu verstehen.

Es ist immer dasselbe. Die Vergangenheit holt uns ein, lässt uns nicht los, und meistens dann, wenn wir am wenigsten damit gerechnet haben, wenn wir am verwundbarsten sind. Wieder präsentiert sich uns die Gelegenheit, zu lernen und zu wachsen. Unsere Seele spricht zu uns. Wollen wir ihr zuhören oder die Gabe des Schmerzes wieder einmal ignorieren?

Sie stand in der Dusche, und niemand sah ihre Tränen, weil das Wasser über sie rann. Ab und zu schluchzte sie auf, wenn sie an gestern dachte. Nicht eine Frage hatte er gestellt, nicht eine. Wie ihr Tag gewesen war, ob sie die Pflanzen gesetzt hatte, was sie am Abend essen wollten.

Er war nach Hause gekommen, hatte kurz von seinem Tag erzählt, dann war er ins Wohnzimmer gegangen, hatte den Fernseher eingeschaltet und sich aufs Sofa gelegt. Wie immer.

Sie war zwei Stunden zu einer Freundin gegangen, und als sie wiederkam, lag er immer noch vor dem Fernseher. Wie immer. Nicht eine neugierige Frage, kein Interesse daran, wo sie gewesen war, was sie getan hatte.

In der Küche bereitete sie etwas Besonderes zum Abendessen zu, um sein Interesse zu wecken. Er merkte gar nicht, dass sie da war, fragte nicht, was sie tat, drehte sich nur um sich selber. Wie immer.

Unzählige Male hatte sie ihn um ein wenig Aufmerksamkeit gebeten, hatte darum gebettelt. Er jedoch war dazu nicht in der Lage. Er war nicht gemein oder unfreundlich, einfach nur gleichgültig. Wie immer.

Wenn es nicht um ihn ging, dann interessierte es ihn nicht. Spazieren gehen? Wozu? Den Tag im Garten verbringen? Warum? Ins Kino gehen? Nur, wenn er den Film unbedingt sehen wollte.

Seit vier Jahren war es immer dasselbe. Nichts hatte sich geändert. Warum war sie dann heute so verletzt und weinte? Sie wusste doch, wenn es nichts mit Golf, Skilaufen oder ihm zu tun hatte, dann war es uninteressant, existierte einfach nicht.

Beispiele, zu viele Beispiele gingen ihr durch den Kopf, während ihr die Tränen übers Gesicht liefen. Und plötzlich war sie wieder fünfzehn und im Wohnzimmer ihrer Eltern. Sie arbeitete samstags morgens, und das Haus war leer gewesen, als sie heimkam. Sie machte sich eine Tasse Tee und saß ruhig im Wohnzimmer, als sie durch die Hintertür hereinkamen, lachend, kichernd, mit raschelnden Einkaufstüten. Die Mutter und die drei Schwestern gingen in die Küche, wobei sie alle zur gleichen Zeit redeten. »Schau dir das an!« – »Sieh mal, was ich hier habe.« – »Probier es mal an!« – »Ja, gleich, zeig mir erst mal die Schuhe.«

Plaudernd wurden die Tüten ausgepackt, aber das Mädchen blieb still sitzen. Es wusste, es würde in der Küche nicht willkommen sein. Überhaupt nicht willkommen.

Sie saß da und starrte aus dem Fenster, als ihr Vater draußen vorbeiging. Sie hörte, wie die Hintertür aufging, und ihre Schwestern unisono riefen: »Daddy, sieh mal, was wir gekauft haben!« Die Atmosphäre in der Küche war lebhaft und fröhlich …

Ihr Vater hatte die Situation mit einem Blick erfasst. »Wo ist Rosie?«, fragte er die Mutter, und sofort änderte sich die Stimmung.

»Keine Ahnung«, entgegnete die Mutter giftig. »Wahrscheinlich im Wohnzimmer. Ich weiß nicht.«

»Du hast also für alle etwas gekauft, oder?« Es war eher

eine Feststellung als eine Frage, und das Mädchen, das mit angehaltenem Atem im Wohnzimmer saß, spürte, wie bei den Worten des Vaters Ärger und Unmut bei ihrer Mutter und den Schwestern wuchsen.

»Und was hast du für Rosie gekauft?«

Die Frage hing schwer im Raum. Alle wussten, dass Rosie nichts bekommen hatte.

Das Mädchen saß im Wohnzimmer, hörte jedes Wort, und niemand sah ihre Tränen, während nebenan das Drama weiterging.

»Nichts, nichts«, giftete die Mutter, weil sie sich ertappt fühlte und wütend darüber war, dass ihr Mann sich einmischte.

Diese Erinnerung kreiste in ihrem Kopf. Sie war keine Frau von fünfzig mehr, sondern wieder fünfzehn und sehr verletzt. Und manche Dinge änderten sich nie. Immer noch sah niemand ihre Tränen. Ihre Mutter hatte sie immer wieder absichtlich verletzt, war absichtlich gemein gewesen. Er hatte es auch immer wieder getan, nicht absichtlich, aber doch gleichgültig. Und das Ergebnis für sie ... immer dasselbe.

Als sie sich schließlich daran machte, das Abendessen zuzubereiten, war er endlich vom Sofa aufgestanden. Er war ins Badezimmer gegangen, dann kam er in die Küche und sagte in jammerndem Tonfall: »Mir geht es nicht so gut. Du brauchst nichts für mich zu kochen, ich habe keinen Hunger.«

Wenn dies doch nicht das Übliche wäre, wenn das typische Wochenend-Szenario nicht aus zwei Tagen Luxus für ihn bestünde, wenn sie nicht daran gewöhnt wäre, dass ihr Wohnzimmer als Schlafzimmer benutzt wurde, wenn er nicht für gewöhnlich die Nachmittage und Abende verschlafen würde, wenn er auch nur die leiseste Spur von Interesse für sie gezeigt hätte, ihr zumindest eine einzige Frage gestellt hätte, ihr ein winziges bisschen Aufmerksamkeit geschenkt hätte ... aber sie fühlte gar nichts mehr, außer einem unglaublich tiefen Schmerz irgendwo in ihrer Brust.

Sie ging mit ihrem Tablett in ihr Schlafzimmer, wie gewöhnlich, verbrachte den Abend vor dem Fernseher und versuchte, nichts zu denken. Immer, wenn sie in die Küche ging, um sich etwas zu trinken zu holen, kam sie an ihm vorbei. Er lag ausgestreckt auf dem Sofa, der Fernseher lief, und er schlief oder hing seinen eigenen Gedanken nach ... wie immer. Sie hätte ebenso gut unsichtbar sein können. Er sah sie überhaupt nicht.

Es tröstete sie nicht, sich mit dem weißen, flauschigen Frotteehandtuch abzutrocknen, das sie so liebte. Immer noch fühlte sie sich wie fünfzehn, immer noch holte sie die Vergangenheit ein und quälte sie. Was sollte sie bloß tun?

Eine einzige Antwort kam ihr in den Sinn ... geh weiter. Verschwende keine Zeit mit Selbstmitleid. Es war an der Zeit, etwas zu verändern. Aber ihr war klar, dass diese Veränderung von innen kommen musste, sonst würde sie immer wieder nur das gleiche Muster wie in den vergangenen dreißig Jahren wiederholen. Wenn sie damals etwas über Seelenzeichen gewusst hätte, wäre alles anders gekommen. Sie hätte die Situation besser verstanden, und das hätte es leichter für sie gemacht. Sie hätte verstanden, dass uns eine Kraft antreibt, die uns bewegt, auf bestimmte Art und Weise zu handeln und so zu sein, wie wir sind. Es ist Zeitverschwendung, andere so ändern zu wollen, wie es uns besser entsprechen würde. Und Zeit ist kostbar.

Ich glaube nicht an Zufälle, und daher muss ich akzeptieren, dass jede Beziehung, ganz gleich wie furchtbar sie sein mag, für die Seele eine Chance darstellt zu wachsen. Auch meine Beziehung zu einem Alkoholiker, definitiv eine Rückblickende Seele, war kein Zufall. Grauer Adler hatte ihn mir über zwei

Jahre, bevor ich ihn kennen lernte, in einer Traumvision angekündigt. Als Erdzeichen zog mich seine Feuerzeichen-Leidenschaft an, und er war fasziniert von meiner Bodenständigkeit und meinem unabhängigen Geist. Aber er war eine extreme, introvertierte Energie, das Gegenteil meiner extrovertierten Energie. Und da wir aus starken, kraftvollen Energiegruppen kamen, gerieten wir unweigerlich aneinander. Sicher sollten wir uns begegnen, aber bedeutete das zwangsläufig, dass er mein Seelengefährte war?

Und dann war da Andrew. Mit Andrew war es Liebe auf den ersten Blick. Wir hatten beide das Gefühl, uns bereits zu kennen, und in gewisser Weise war das auch so.

»Gib mir Geld, Liebchen, dann sage ich dir die Zukunft voraus«, hatte die alte Frau gesagt. Ihre Forderung überraschte mich.

Ich war dreißig, meine Tochter war sechs. Ich war verheiratet und würde das auch noch vier Jahre bleiben. Ich arbeitete damals Teilzeit, als Dekorateurin, und war gerade mit einem Schaufenster beschäftigt, als sie hereinkam. Die Geschäftsführerin und ihre Assistentin waren am anderen Ende des Ladens, während ich direkt neben der Tür stand – ein leichtes Ziel.

Ich schüttelte den Kopf. »Tut mir Leid«, erwiderte ich höflich, »aber ich habe kein Geld.« Eine gute Ausrede, und außerdem stimmte sie auch noch.

»Ach komm, Liebes, eine kleine Münze reicht schon. Ich war den ganzen Tag auf den Beinen und könnte eine Pause gebrauchen.«

Sie sah überhaupt nicht so aus, wie ich mir eine Wahrsagerin vorstellte. Sie trug einen einfachen, grünen Regenmantel und wirkte ganz unauffällig.

»Wirklich, tut mir Leid«, sagte ich freundlich, »ich habe wirklich kein Geld, aber wenn Sie möchten, mache ich Ihnen eine Tasse Tee.«

Sie nahm mein Angebot an, und nachdem wir eine Weile geplaudert hatten, sagte sie lächelnd: »Na, komm, lass mich dir aus der Hand lesen.«

Für mich war es das erste Mal, und ich muss zugeben, ich war ganz schön nervös und skeptisch.

Wir setzten uns in einer der Umkleidekabinen einander gegenüber, und ich hielt den Kopf gesenkt, damit sie mir nichts am Gesichtsausdruck ablesen konnte.

»Was ist mit deiner linken Seite los?«, fragte sie. Ohne auf eine Antwort zu warten, fügte sie hinzu: »Du hast Probleme mit der linken Seite.«

Unwillkürlich hob ich den Kopf. Woher wusste sie das? Zwei große Operationen und der Verlust meiner linken Niere.

»Du bist verheiratet« – das war eine Feststellung, keine Frage – »und du hast ein Kind, ein Mädchen.« Sie schwieg kurz, dann fuhr sie fort: »Und dein Mann hat ein rotes Auto.«

Vielleicht kannte sie mich ja, aber ich wusste, dass das kaum der Fall sein konnte.

»Du wirst einen Mann kennen lernen, einen Mann mit einem weißen Auto. Er wird sehr wichtig für dich sein, und du wirst ihn lieben, aber er wird dir nicht gut tun, überhaupt nicht gut.«

Mein Magen hob sich. Ich war verheiratet und wollte es auch bleiben, aber sie zögerte nicht einen Moment lang und war sich so sicher.

»Es wird ein reisender Mann sein, ein großer Mann mit dunklen Haaren, und ihr werdet euch beide ineinander verlieben.«

Vier Jahre später lernte ich ihn kennen, und als ich in seine Augen sah, kannte ich ihn.

Er war groß, hatte dunkle Haare, und wegen seiner Arbeit, entdeckte ich später, reiste er durchs ganze Land. Als ich ihn wiedersah, fuhr er in einem weißen Auto vor, und in diesem Augenblick fielen mir die Worte der Wahrsagerin wieder ein – und ihre Warnung. Aber es war bereits beschlossen, es sollte so sein. Es fühlte sich richtig an. Und vor allem hatte ich mich in dem Moment in ihn verliebt, in dem ich ihn zum ersten Mal gesehen hatte.

Es schien, als hätten wir uns ewig gekannt. Und heute verstehe ich auch, warum das so war. Wir waren beide Erdzeichen. Unsere Energien verbanden uns wie Magnete. Wir erkannten uns selbst im anderen. Natürlich, wir stammten schließlich aus der gleichen Quelle. Und doch wäre für unsere Beziehung echte Reife und harte Arbeit notwendig gewesen – es gab eine große Anziehungskraft, aber auch großen Widerstand. Andrew war eine Jäger Seele, ein introvertiertes Seelenzeichen; ich war ein extrovertiertes Zeichen. Die gleiche Grundenergie zog uns in entgegengesetzte Richtungen. Bedeutete die Tatsache, dass wir aus der gleichen Quelle stammten, dass Andrew mein Seelengefährte war? Sollte er vielleicht mein Helfer sein? Diente unsere Verbindung dazu, uns beiden beim Wachstum unserer Seelen zu helfen? Oder war Andrew einfach mein Spielgefährte?

Ja, es passte, zwei Seelen aus der gleichen Energiegruppe, die dies instinktiv wussten. Und da es keine Zufälle gibt, glaube ich, dass Andrew mein Spielgefährte, mein Helfer *und* mein Seelengefährte war. Wir begegneten uns zu einem Zeitpunkt, als unsere Seelen dringend Nahrung brauchten. Die Erfahrung half mir, reifer zu werden und besser zu verstehen, was ich vorher zu kritisch gesehen hatte.

Zweifellos ist es wesentlich einfacher, die richtige Seelengruppe und das Seelenzeichen für jemand anderen herauszufinden als für sich selber. Vermutlich sehen wir bei anderen einfach klarer, haben weniger Vorurteile und können aufrichtiger sein.

Das Haus, in dem ich aufwuchs, war voller Feuer- und Erdzeichen. Von den sechs Kindern und zwei Erwachsenen in meiner Familie war nur eins noch ein Luftzeichen. Wasserzeichen, und damit Kompromisse, gab es bei uns nicht. Die Kombination dieser Seelenzeichen machte uns allen sicherlich das Leben schwer, und häufig gab es irgendein emotionales Drama, da meine Mutter, ein Feuerzeichen, Aufmerksamkeit brauchte. Natürlich sind nicht alle Feuerzeichen so. Das Verhalten meiner Mutter aber war extrem, selbst für eine extreme Energiekraft. Sie war auch in ihren besten Phasen unstet und instabil, und das lag teilweise wiederum an ihrer Lebensgeschichte. Und weil sie ein Feuerzeichen war und von ihren Emotionen getrieben wurde, hatte sie große Probleme, diese emotionalen Hochs und Tiefs zu kontrollieren.

Terry, das älteste Kind, war ebenfalls ein Feuerzeichen und konnte auch aufbrausend sein, vor allem in Gegenwart meiner Mutter und meines anderen Bruders Malcolm, einem Erdzeichen, einem Krieger wie ich auch. Zwischen den beiden tobten immer wieder irgendwelche Kämpfe, und mein Vater, der als typisches Erdzeichen versuchte, alles im Griff zu haben, stand oft zwischen allen Stühlen.

Mein Vater hatte eine dicke Unterlippe mit einer Kerbe, die sie beinahe in zwei Hälften spaltete. Als Kind betrachtete ich sein Gesicht immer fasziniert, weil er aussah, als habe ihn jemand verprügelt, und ich fragte mich, ob meine Lippe wohl eines Tages auch so werden würde. Jahre später fand ich heraus, dass mein Bruder Terry mit einer metallenen Kehrschaufel nach meinem Vater geworfen hatte und die Kerbe in der Lippe das direkte Resultat davon war – eins der vielen Dramen, für das meine Mutter verantwortlich war.

Kaum einsfünfundfünfzig, dünn und knochig, hatte meine Mutter einmal sogar mit einer Axt aus dem Gartenschuppen versucht, die Tür zum Zimmer meines Bruders aufzubrechen, der sich als Sechzehnjähriger aus Angst vor meiner Mutter dort verbarrikadiert hatte. Wer weiß, was für ein unbedeutender Zwischenfall ihre Wut entfacht hatte. Er war damals ein Teenager, benahm sich wie ein Teenager und hatte wohl gewagt, ihr zu widersprechen.

Jeden Sonntagmorgen fing Terry einen Streit mit seinem jüngeren Bruder an. Sie waren zwei Jahre auseinander, am gleichen Tag geboren, der eine ein Feuerzeichen, der andere ein Erdzeichen. Meine Mutter hatte ihnen beigebracht, einander zu hassen, und da sie Dramen liebte, war ihr Unterricht hervorragend gewesen.

Terry war zweimal im Gefängnis, beide Male aus dem gleichen Grund: Er hatte sich in betrunkenem Zustand geprügelt. Er ist der einzige Mann, den ich kenne, der erst die Kirche betrat, als seine Braut bereits am Altar auf ihn wartete, und laut schluchzend den Mittelgang entlangkam. Aber die Geschichte hier zu erzählen, würde zu lange dauern.

In seinen Zwanzigern lernte er jemanden kennen, der ihn dazu brachte, seine emotionale Energie positiver einzusetzen. Er interessierte sich leidenschaftlich für klassische Musik, Oper und Ballett und bezahlte mir Gesangsstunden und Klavierunterricht. Eine Zeit lang richtete sich seine ganze Aufmerksamkeit auf mich, aber es spielte natürlich auch eine Rolle, dass seine damalige Freundin Klavierlehrerin war und er sie beeindrucken wollte.

Eine Zeit lang wohnte er damals beim *Christlichen Verein Junger Männer*, und ich besuchte ihn dort samstags morgens. Er ging mit mir in meine erste Ballettaufführung, *Coppelia*, und ich war genauso hingerissen wie er.

Schließlich heiratete er, gründete eine Familie und bekam vier Kinder. Er war ein guter Vater und Ehemann, bis seine Frau mit dem Paketboten durchbrannte und die Kinder mitnahm.

Es gelang ihm nicht, das Sorgerecht für seine Kinder zu bekommen, und das brach meinem Bruder das Herz. Er ging in die Zinnminen nach Rhodesien, dem heutigen Simbabwe, um mit dem Verrat fertig zu werden.

Getrieben von seiner emotionalen Energiekraft, ohne jemals gelernt zu haben, seine Vernunft einzusetzen oder Kompromisse zu finden, verließ er sein altes Leben, seine Familie, seine Kinder und verschwand in einem schwarzen Loch.

Als er wieder nach England zurückkam, war er beinahe schon siebzig. Er besaß nichts als die Kleider, die er auf dem Leib trug. Er hatte AIDS, und er hatte Krebs.

Vor ein paar Monaten ist er gestorben. In zwei Tagen hätte er Geburtstag gehabt, und deshalb denke ich vermutlich auch an ihn. Er ist ein Feuerzeichen, das von Geburt an in eine schlechte Richtung gedrängt wurde und schlechte Vorbilder hatte. Aber er war mein Bruder, und er hatte ein riesengroßes Herz. Er war voller Liebe, wusste aber nicht, wie er sie ausdrücken sollte, und irgendwie ging alles immer schief. Er liebte seine Kinder von ganzem Herzen, und ich hoffe, dass sie es eines Tages erfahren werden.

Familienleben kann für jeden schwierig sein, da die Mischung von Energien innerhalb einer Familie Disharmonie schaffen kann.

Mein Bruder empfand die meiste Zeit seines Lebens Schuldgefühle und Reue, vor allem wegen seiner Beziehung zu seiner Mutter. Er glaubte, er hätte sich mehr Mühe geben, sich anders verhalten müssen.

Mein Bruder war eine Strahlender Stern Seele, ein Feuerzeichen mit nach außen gerichteter Energie. Er brauchte Aufmerksamkeit, wie ein Verdurstender in der Wüste Wasser braucht. Von Anfang an, als kleiner Junge schon, wollte er bemerkt werden, und er fand immer einen Weg, um im Mittelpunkt zu stehen. Das war die Energiekraft seines Feuerzeichens. Er war nicht böse, er tat sein Bestes, um lieb zu sein. Aber aufgrund seiner Erziehung, seiner Umgebung und der Kombination von Seelenzeichen in unserer Familie geschah das Unvermeidliche. Er konnte einfach nichts dagegen tun.

Unsere Mutter war eine Rückblickende Seele, eine introvertierte Energie und ebenfalls ein Feuerzeichen. Die beiden mussten einfach aneinander geraten. Zwei kraftvolle, emotional getriebene Zeichen, von denen eins über Jahre hinweg Macht und Kontrolle über das andere hatte, das sich zwangsläufig dagegen auflehnte.

Unser Vater war eine Krieger Seele, eine nach außen gerichtete Energie, genau wie sein Sohn, und deshalb waren die beiden sich auch in mancher Hinsicht ähnlich. Ihre Zusammenstöße kamen, als mein Bruder älter wurde und sein Leben selber in die Hand nehmen wollte. Da sie beide der Boss sein wollten, mussten sie sich streiten. Als mein Bruder schließlich zu Hause auszog, verbesserte sich das Verhältnis zu meinem Vater dramatisch. Die Beziehung zu seiner Mutter wurde allerdings nicht besser.

So viele Leute sprechen über das schwierige Verhältnis zu ihren Eltern, und ich habe es so häufig erlebt, dass Menschen alte Verletzungen und Enttäuschungen nicht überwinden und loslassen können.

Ganz gleich, ob wir ein gutes oder ein schlechtes Verhältnis zu ihnen haben – wenn es um unsere Eltern, Geschwister oder uns selber geht, ist unser Verhalten leicht zu erklären. Es geht nicht darum, wer wen vorgezogen hat oder warum wer nicht geliebt wurde, sondern es geht lediglich um Energie.

Auf bestimmte Energien reagieren wir gut, auf andere schlecht. So einfach ist das. Wir sind, wer wir sind, stammen aus unserer Energiegruppe, haben unsere eigene einzigartige

Energiequelle. Wir sind, wer wir sind, genauso agieren wir auch, und manchmal können wir nicht anders.

Ich liebe meinen Bruder, und ich hoffe, er versteht meine Äußerungen als Tribut an ihn und sein Leben. Seine Seele wurde die meiste Zeit hier auf der Erde von anderen und von ihm selbst missverstanden. Jetzt verstehe ich sie, und ich liebe ihn umso mehr.

ALLE GESCHÖPFE GROSS UND KLEIN

Ich möchte diesen Teil des Buches mit einem Thema beenden, das mir und sicher auch vielen von Ihnen am Herzen liegt. Ohne die Tiere würde in unserem Leben etwas Wichtiges fehlen.

Im letzten Kapitel habe ich meine persönlichen Beziehungen als Beispiele herangezogen. Jetzt möchte ich gerne über ganz andere Beziehungen schreiben, die aber genauso wichtig sind und mein Leben im Gleichgewicht halten.

Wir sind ein Seelencluster, ein menschliches Seelencluster, auf dieser Erde geboren, um zu interagieren, zu kommunizieren, um unsere Lernerfahrungen mit den Seelen zu teilen, die mit uns durch gleiche oder ähnliche Charakteristika verbunden sind. Wir wissen, wie unser Planet von den fünf Hauptenergiegruppen beeinflusst wird, aber auf der Erde gibt es schließlich nicht nur menschliche Wesen. Was ist mit den Tieren? Sind auch sie mit den elementaren Energiequellen verbunden? Die Antwort darauf lautet: Ja, natürlich. Jedes Lebewesen auf dem Planeten Erde ist erschaffen aus der Energie von Feuer, Erde, Luft, Wasser oder Schwefel.

Die Tierliebhaber unter uns, zu denen ich mich ebenfalls zähle, werden fasziniert davon sein, dass unsere geliebten Haustiere Seelenzeichen haben wie wir auch. Das gilt für jede lebende Kreatur, und ich kann hier zwar nicht ausführlich darauf eingehen und muss mir das für ein weiteres Buch vorbehalten, dachte aber, es könne ganz amüsant sein, wenn ich Ihnen ein paar Beispiele gebe, um zu illustrieren, was ich meine.

Ich bin ein Hundemensch, und obwohl ich fast alle Tiere liebe, sind viele meiner persönlichen Beispielgeschichten Hundegeschichten. Ich will jedoch auch versuchen, von anderen Haustieren zu berichten.

Seelengruppen und Seelenzeichen haben nichts mit bestimmten Züchtungen oder Rassen zu tun, auch wenn es gerade bei Hunden verlockend sein mag, sie nach Rasse zu kategorisieren. Man kann sich zum Beispiel Labrador, Retriever und King Charles Spaniels ohne weiteres als Luftzeichen vorstellen, weil sie dafür bekannt sind, passiv, freundlich und ausgeglichen zu sein. Windhunde, Pudel und Terrier könnten Feuerzeichen sein, weil sie im Allgemeinen nervös und emotional sind. Deutsche Schäferhunde, Bernhardiner und Dobermänner kämen als Erdzeichen infrage, und Mischlinge könnte man als Wasserzeichen einstufen, wegen der Kompromisse, die sie eingehen. Und natürlich würde dann jeder böse, aggressive Hund sofort in die Kategorie Schwefelzeichen rutschen. Aber so funktioniert es natürlich nicht. Jede einzelne Kreatur wurde an einem bestimmten Ort, zu einer bestimmten Zeit erschaffen und ist von ihrer eigenen besonderen Hauptenergiekraft beeinflusst. Wenn wir also die Seelengruppe unseres Haustieres feststellen wollen, haben Rasse, Erziehung und Umgebung gar nichts dazu beizutragen.

Nun ja, mein Labrador ist zufällig tatsächlich ein Luftzeichen. Allerdings nicht, weil er ein Labrador ist, sondern weil er niemandem etwas tut – es sei denn, er hat das Gefühl, ich sei in Gefahr, dann zeigt er die aggressive Seite seiner Natur. Meistens ist er jedoch friedlich und unbeschwert, nur ein bisschen eifersüchtig, wenn ich Rosie, meinem Brittany Spaniel, zu viel Aufmerksamkeit schenke. Jeder merkt sofort, dass er Mamas Junge ist, denn er folgt mir auf Schritt und Tritt und liegt entweder vor oder unter meinen Füßen. Und auch wenn er fünfundsiebzig Pfund wiegt und ziemlich groß ist, so ist er doch ein süßer kleiner Junge, der gerne spielt, gerne spazieren geht und alles ganz genau untersucht. Und er liebt es, Leute kennen zu lernen. Alle mögen ihn.

Da es in jeder Seelengruppe nur drei Seelenzeichen gibt, könnte Nino eine Neugeborenen Seele, eine Prophet Seele oder eine Reisende Seele sein. Mein Hund ist definitiv eine Neugeborenen Seele.

Rosie ist ganz anders. Auch wenn sie spielt, sieht man ihr an, wie es in ihrem Kopf ständig arbeitet. Spaß ist für sie der Versuch, Frösche im Teich zu fangen oder Mäusen im Schnee nachzuschnüffeln, jede Aktivität draußen, bei der ihr planender, strategischer Verstand am besten zum Einsatz kommt. Sie ist definitiv ein Erdzeichen und bestimmt in ihrem Rahmen über ihr Leben. Die Zeichen in dieser Seelengruppe sind Krieger, Visionär und Jäger. Die Visionär Seele kann ich eliminieren, da diese Zeichen eine zentrale, ausgewogene Energie haben. Rosie jedoch hat eine extreme, offensichtliche Energie. Es wäre einfach für mich anzunehmen, dass sie ein Jäger ist, vor allem da sie als Jagdhund ausgebildet wurde und auch wirklich gerne jagt. Aber ich sollte mit solchen Kategorisierungen vorsichtig sein, deshalb will ich ein bisschen genauer auf die Charakterzüge meines Hundes schauen.

Ja, Rosie hat zahlreiche Züge des Jägers, aber im Gegensatz zu ihm hat sie eine extrem nach außen gerichtete Energie. Und obwohl sie gerne draußen und auf der Jagd ist, hat sie auch etwas sehr Sanftes und Beschützendes. Einmal hat sie in einer heftigen Beißerei sogar Nino verteidigt.

Kürzlich musste Rosie eine schreckliche Operation über sich ergehen lassen. Sie hatte einen Tumor an der rechten Pfote, und Schulter und Vorderlauf mussten entfernt werden. Alle waren erstaunt, wie schnell sie sich davon erholte – sie erwachte aus der Narkose und stand sofort auf. Innerhalb von zwei Wochen konnte sie wieder das Gleichgewicht halten, schwamm und jagte Frösche. Trotzdem brauchte sie auch Zuwendung und Streicheleinheiten und wollte nicht zu weit von mir weg sein. Sehr sensibel, liebevoll und fürsorglich ist Rosie und daher definitiv eine Krieger Seele.

Da mir dieses Kapitel großen Spaß macht, möchte ich Ihnen noch von zwei weiteren meiner Hunde erzählen.

Karma und Jasper waren King Charles Spaniels, Halbbrüder und einander in vieler Hinsicht ähnlich. Aber einer war ein ausgeprägtes Luftzeichen und der andere ein Feuerzeichen. Karma, das Luftzeichen, war leicht zu handhaben und wollte es allen recht machen. Im Gegensatz zu Nino spielte oder schmuste er nicht gerne, und er saß auch nicht gerne auf dem Schoß, obwohl diese Rasse eher als Schoßhund bekannt ist. Er war einfach ein netter, unkomplizierter Kerl, und diejenigen, die ihre Seelenzeichen kennen, sollten mittlerweile wissen, was er war. Ein Neugeborener, ein Prophet oder ein Reisender? Er war ohne jeden Zweifel ein Prophet, und natürlich ist er das immer noch, obwohl er vor einigen Jahren gestorben ist.

Jasper dagegen war ein Schoßhund, temperamentvoll, getrieben von seinen Emotionen, ein wenig heftig, und obwohl er der Jüngere von den beiden war, versuchte er von Anfang an, schon als Welpe, der Leithund zu sein. Welches der drei Seelenzeichen in der Energiegruppe des Feuers war er? Ein Strahlender Stern, eine Träumende Seele oder ein Rückblickender? Das letzte Zeichen können wir ohne weiteres eliminieren, da auch er, wie Karma, ein Schmeichler mit nach außen gerichteter Energie war. Die Träumende Seele können wir ebenfalls streichen, da

Jasper unter allen Umständen dafür sorgte, dass er im Zentrum der Aufmerksamkeit stand. Und er war immer der Star. Ja, Sie haben es erraten, er war eine Strahlender Stern Seele.

Nun zu ein paar anderen Tieren. Ein Wheaten Terrier, den ich kannte, besaß ein so außergewöhnliches Temperament, dass sein Frauchen ihm Hunde-Prozac geben musste – kein Scherz! Er vergötterte sein Frauchen, verteidigte sie heftigst und war aggressiv und misstrauisch Menschen gegenüber, die er nicht kannte. Besonders schwierig war er bei Männern, und der Tierpsychologe erklärte meiner Freundin, der Hund betrachte sich als einzigen Mann in ihrem Leben, als Herr im Haus und Hüter seines Schatzes: Das war sie. Er war ohne jede Frage ein Feuerzeichen, jede seiner Bewegungen war von Emotionen getrieben, und ganz bestimmt war er eine Rückblickende Seele, immer auf der Suche nach Vollkommenheit, die er nur in seinem Frauchen fand.

Ein Golden Retriever, der auf den ersten Blick wie Nino ein Luftzeichen zu sein scheint – freundlich, glücklich und verschmust. Wenn man ihn jedoch besser kennt, zeigt er einem sehr schnell, dass er nicht so einfach zu handhaben ist, wie es scheint. Tatsächlich hat Farley – so heißt er – durchaus seinen eigenen Kopf und setzt sich geschickt durch, indem er Situationen einschätzt und Kompromisse findet. Befiehlt man ihm, sich hinzusetzen und den Pantoffel herzugeben, dann gehorcht er dem ersten Kommando willig, ignoriert jedoch das zweite, packt den Pantoffel noch fester, wedelt allerdings mit dem Schwanz, um zu zeigen, dass der Pantoffel jetzt ihm gehört. »Lass uns fair spielen«, scheint er zu sagen. »Etwas für dich, etwas für mich.« Wenn man sich anschaut, wie clever er jedes Familienmitglied auf eine andere Art und Weise manipuliert, wird klar, dass er ein Wasserzeichen ist. Aber was für eins?

Eine Alte Seele? Nein, ich glaube nicht, und weil er nicht mein Hund ist und ich ihn nicht so oft sehe, gehe ich instinktiv vor: Ich glaube, dafür ist er nicht klug genug. Ich halte ihn auch nicht für einen Sucher, weil an seiner Energie nichts Reserviertes oder Introvertiertes ist. Weil er jedoch wirklich weiß, wie er mit jedem Familienmitglied umzugehen hat und weil es ihm offensichtlich ein Anliegen ist, jeden zufrieden zu stellen, denke ich, er ist eine Friedensmacher Seele. Vielleicht sagen mir seine Besitzer, ob sie mir Recht geben, aber ich bin mir eigentlich ziemlich sicher.

Nun werde ich Ihnen ein paar Katzenbeispiele geben. Katzen sind natürlich wirklich unabhängig, und es gibt einige Seelenzeichen, von denen man das überhaupt nicht sagen kann.

Als ich ein Kind war, hatten wir einen schwarzweißen Kater namens Whiskers, der sehr alt wurde. Wenn ich darüber nachdenke, welcher Energietyp und welches Seelenzeichen er gewesen sein könnte, kann ich zwei sofort eliminieren. Whiskers wurde weder von seinen Emotionen getrieben, noch war er passiv und leicht zu handhaben, auch wenn er die meiste Zeit zusammengerollt auf seinem Lieblingsplatz auf dem Teppich vor dem Kamin lag. Also war er definitiv kein Feuerzeichen und auch kein Luftzeichen.

Whiskers war schlau und gerissen, wie viele Katzen es sind, ließ es jedoch zu, dass meine Schwestern und ich ihn streichelten und tätschelten, obwohl sein Schwanz dabei manchmal hin und her zuckte und er gelegentlich missbilligend fauchte. Er war jedoch kompromissbereit, und solange er hatte, was er wollte, seinen Platz auf dem Teppich, durften wir ihn auch streicheln.

Er war ein Wasserzeichen. Aber welches? Eine Alte Seele, ein Friedensmacher oder ein Sucher? Ganz bestimmt kein Sucher; er war nicht neugierig. Ein Friedensmacher war er auch nicht, da er nicht wirklich an der Zuneigung der Familienmitglieder interessiert war, wenn man einmal von meiner älteren Schwester absieht. Also war er eine Alte Seele? So wie ich mich an ihn erinnere, war er ein kluges, wissendes Tier, mit vielen Charakterzügen der Alten Seele: Er wusste, was ihn glücklich machte, und er war in der Lage, seine eigenen Bedürfnisse zu erfüllen.

Dann gab es Tabatha und Thomasina, die ihren Weg zu uns fanden, als Samantha Jane fünf war. »Wir müssen sie retten, sonst werden sie ertränkt«, kam mein Kind eines Tages heulend in die Küche gerast. Unser Nachbar hatte es ihr erzählt, und er wusste natürlich ganz genau, was er damit bei meiner Tochter bewirkte. Was sollte ich machen?

Die beiden Katzen waren Schwestern, aber völlig unterschiedlich. Eine produzierte sich gerne, war stolz, sogar ein wenig arrogant und von ihren Gefühlen gesteuert. Thomasina war absolut ein Feuerzeichen, sie kratzte und biss. Für eine Rückblickende Seele war sie zu zufrieden, und sie liebte es so sehr, im Mittelpunkt zu stehen, dass sie gar nichts anderes sein konnte als eine Strahlender Stern Seele.

Ihre Schwester, Tabatha, war ruhiger, unabhängiger, ein planendes Erdzeichen, immer unterwegs und auf der Suche nach der nächsten Mahlzeit. Ohne jeden Zweifel war sie eine Jäger Seele.

Jetzt möchte ich mich an einer weiteren Spezies versuchen, an Pferden. Für diese Beispiele muss ich mich jedoch auf das Wissen der Besitzerin stützen, da ich von Pferden, obwohl ich sie sehr beeindruckend finde, nichts verstehe. Also verlasse ich mich auf meine Freundin Esther Capen, die schon ihr ganzes Leben lang mit diesen Tieren zu tun hat.

Es war an einem Dienstagmorgen, Esthers freiem Tag, und wir waren gemeinsam auf dem Gelände des neuen Heilzentrums. Ich hatte ursprünglich geglaubt, es sei schwierig für mich, mit Pferden zu arbeiten, da ich keine Vorstellung davon hatte, dass es auch bei diesen Tieren so viele unterschiedliche Charaktere und Persönlichkeiten gibt. Ich hoffe, Ihr Pferdeleute da draußen vergebt mir meine Ignoranz; wie Ihr seht, weiß ich es ja mittlerweile besser.

Mein Treffen mit Esther hätte nicht besser verlaufen können. Ich lauschte fasziniert, als sie mir eine Geschichte nach der anderen erzählte. Hier nur ein paar Beispiele.

Whiskers – ja, der gleiche Name wie meine Katze – war ein sanftes, freundliches Pferd. Er war blind auf einem Auge, was manche Pferde sicher aus der Fassung gebracht hätte, aber Whiskers kam gut damit zurecht, er konnte Kompromisse schließen. »In schwierigem Gelände hat er immer den besten Weg gefunden.« Wenn John, Esthers Mann, eine bestimmte Strecke mit ihm reiten wollte, er aber etwas anderes vorhatte, dann ließ er das John wissen, und »wenn man ihm seinen Willen ließ, dann merkte man schnell, dass er es besser wusste«. Während ich Esther zuhörte, wurde mir klar, dass Whiskers ein Wasserzeichen war, jemand, der Situationen gut einschätzen konnte und Kompromisse schloss. Aber was für ein Seelenzeichen? Dann sagte Esther: »Er ist sensibel, vernünftig und sehr klug.« Da wusste ich ohne jeden Zweifel, dass er eine Alte Seele war.

Pepper, Pferd Nummer zwei, hatte gerade ein Fohlen. »Sie ist wissbegierig, ruhig, selbst unter Stress, sehr vernünftig und bodenständig. Sie beobachtet alles«, sagt Esther. Sie plant und entwirft Strategien, man kann sie förmlich denken sehen.« Das klingt nach einem Erdzeichen, und da haben wir natürlich die Wahl unter drei Seelenzeichen. »Vorgestern kamen drei Rehe auf die Weide. Pepper ist nicht gleich hingelaufen, sondern ganz langsam und vorsichtig auf sie zugegangen, als wenn sie dabei überlegen würde.«

Eines Tages verschwand eins von Esthers Pferden von der Weide. Pepper wieherte laut, und Esther bat sie, ihr bei der Suche nach dem verlorenen Pferd zu helfen. Sie hielt Pepper am Zügel, und Pepper führte sie zu einem Bach in der Nähe. Dort blieb sie stehen, legte den Kopf über Esthers Schulter, um die Richtung anzudeuten, in die das vermisste Tier gelaufen war. Sie wieherte, und das andere Tier kam zu ihnen.

Ich fragte Esther, was ihrer Meinung nach die ausgeprägtesten Charakterzüge Peppers seien, und beschrieb ihr die drei Erdzeichen. »Oh, sie ist bestimmt ein Krieger«, erwiderte Esther. »Sie geht sehr fürsorglich mit ihrem Fohlen und unseren anderen Pferden um. Sie ist der geborene Anführer. Ganz bestimmt eine Krieger Seele.«

John Morgan war einfach. »Er lässt sich total von seinen Emotionen leiten, spinnt ein bisschen und tut, was er will. Man kann ihm nicht trauen, da er immer seinen eigenen Kopf durchsetzen muss. Es geht immer nur um ihn, um seine Bedürfnisse und seine Emotionen. Er ist sehr nervös – er erschreckt sich vor einem Schatten, einem Schmetterling, einem Vogel, vor allem Möglichen. Er scheut sogar ohne äußeren Anlass. Er ist unberechenbar, sehr emotional.« John Morgan ist eindeutig ein Feuerzeichen. »Keine Rückblickende Seele«, sagt Esther. »Dazu ist er zu glücklich und zu zufrieden. Er könnte eine Träumende Seele sein, nein warte mal ... Er will immer die Nummer eins sein und wird eifersüchtig, wenn man den anderen Pferden mehr Beachtung schenkt. Er liebt es, im Mittelpunkt des allgemeinen Interesses zu stehen. Er ist bestimmt ein Strahlender Stern.«

»Comanche ...« Als sie diesen Namen ausspricht, wird Esthers Stimme weicher. »Er hat sanfte Augen, ist ein Denker und möchte es einem recht machen. Sehr umgänglich, leicht zu trainieren, äußerst loyal, ist gerne draußen, aber auch drinnen zufrieden. Vermutlich ein Luftzeichen«, kommentiert Esther, die mittlerweile Feuer gefangen hat.

»Okay«, sage ich. »Welches?«

»Also, er ist wirklich lieb, leicht zu handhaben, sehr ruhig, friedlich, gut zu trainieren, passt gut auf, tut, was man ihm sagt, und tut es gerne.«

Ich erkläre ihr noch einmal die Charakterzüge der drei Luftzeichen.

»Ganz bestimmt ist er ein Prophet«, erwiderte Esther ohne Zögern.

Sie sehen also, auch Tiere haben meiner Meinung nach Seelenzeichen. Hunde, Katzen und Pferde waren meine Beispiele, aber natürlich haben viele von Ihnen andere Tiere, und Sie fragen sich sicher, ob für sie das Gleiche gilt. Selbst das kleinste Wesen ist ein bestimmter Energietyp, der aus einer der fünf Hauptenergiequellen entstanden ist, und daher können Sie jeder Kreatur ein Seelenzeichen zuschreiben. Und am besten geht das natürlich bei Ihren eigenen Haustieren, da Sie deren Charakterzüge am besten kennen und einschätzen können.

Ich habe in diesem Kapitel kein Beispiel für Schwefel gegeben. Ich fand, dass hier nicht der richtige Platz ist, um darüber zu sprechen. Vielleicht erzählt uns Grauer Adler in meinem nächsten Buch mehr davon.

Für viele von uns sind Tiere ein wichtiger und integraler Bestandteil unseres Lebens, so wie bei mir. Für andere spielen Tiere keine so große Rolle, und auch das ist in Ordnung. Wir sind, wer und was wir sind. Aber wie auch immer, wir sind alle Seelen und leben zusammen auf einem Planeten, der uns Leben, Erfahrung und Verstehen schenkt. Wir alle.

ICH BIN!

Wir alle, selbst Tiere, haben unsere irdischen Erfahrungen und behalten die Energie dieser Erfahrungen. Wir nehmen diese Energie auf, verarbeiten sie, werden von ihr beeinflusst, und sie verstärkt unsere Antriebskraft – in destruktiver oder konstruktiver Hinsicht; je nach unserer Entscheidung.

Wofür entscheiden Sie sich? Lassen Sie sich von Ihrem Wissen über Seelenzeichen helfen, so wie es mir geholfen hat? Verstehen Sie, dass es Dinge an Ihnen oder an Ihrem Partner gibt, die Sie oder Ihr Partner einfach nicht ändern können? Im Gegenteil, es würde nur Ihre Chancen auf Glück sabotieren, wenn Sie versuchten, diese Dinge zu ändern.

Sind Sie ein wundervolles Feuerzeichen? Ein Strahlender Stern, eine Träumende oder eine Rückblickende Seele?

Sind Sie ein bodenständiges Erdzeichen? Eine Krieger, eine Visionär oder eine Jäger Seele?

Sind Sie ein sanftes Luftzeichen? Eine Neugeborenen Seele, ein Prophet oder eine Reisende Seele?

Sind Sie ein friedliebendes Wasserzeichen? Eine Alte Seele, ein Friedensmacher oder eine Sucher Seele?

Ganz gleich, welches Zeichen Sie sind, wir alle verdienen Glück, wir alle verdienen es, geliebt zu werden, und wir alle verdienen es, wir selbst zu sein.

Glück, Liebe, Selbstwert. Wie finden wir diese Dinge? Ganz

einfach: Sie müssen sich selbst verstehen. Hoffnung und Glück sind gleich nebenan. Sie brauchen nie wieder daran zu zweifeln.

Wenn wir emotional verkrüppelt sind, haben wir das Bedürfnis, uns in der Vergangenheit aufzuhalten, weil wir von den Menschen akzeptiert und geliebt werden wollen, die uns damals verletzt, zurückgewiesen oder missbraucht haben. Unbewusst denken wir, dass unsere Seele geheilt wird, wenn wir nur von ihnen akzeptiert würden, aber so funktioniert es nicht. Warum? Es liegt nur an der Energie. Die Energie dieser Menschen, dieser Seelenzeichen, ist mit unserer nicht kompatibel. Und das können wir nie ändern, ganz gleich, wie sehr wir uns bemühen.

Natürlich können sich entgegengesetzte Energien anziehen, und das kann auch eine Weile gut gehen. Aber wir werden unausweichlich zusammenstoßen. Es wird uns nur noch mehr verletzen und verwirren, wenn wir immer und immer wieder in die gleichen alten Verhaltensmuster zurückfallen, dieselben Beziehungen wieder aufnehmen. Deshalb müssen wir unsere Wunschvorstellung von uns und von anderen aufgeben, müssen aufhören zu sagen »wenn doch nur« und müssen lernen, im Jetzt, in der Gegenwart zu leben. Lernen Sie aus der Vergangenheit und aus Ihren Erfahrungen, dass Sie und alle anderen nur von der Energiekraft, die uns geschaffen hat, angetrieben werden. Wenn Sie dieses Wissen, diese Tatsache des Lebens wirklich annehmen, nehmen Sie auch Ihr eigenes Wesen an.

Das Beste, was Ihnen dieses Wissen geben kann, sind Sie selbst.

Wer sind Sie? Sie sind eine lebendige, atmende Kraft, eine unzerstörbare Energiequelle. Nehmen Sie Ihre Seele an. Kennen Sie Ihr Seelenzeichen. Halten Sie nach den Menschen Ausschau, deren Energie mit Ihrer kompatibel ist. Hören Sie auf, Ihre Chancen zu sabotieren. Seien Sie tolerant und verständnisvoll denjenigen gegenüber, deren Energie inkompatibel mit Ihrer ist, und dann ... ziehen Sie weiter. Wenn Sie sich erst einmal trauen, mehr so zu sein, wie Sie sind, werden Sie sich nicht mehr an die klammern, die Sie zurückhalten.

Mittlerweile kennen Sie Ihre Seelengruppe, und Sie wissen, welches Seelenzeichen Sie sind. Sie müssen voller Überzeugung und Stolz, aus ganzem Herzen, sagen lernen: »*Ich bin!*«

Ich bin eine Rückblickende Seele!

Ich bin eine Träumende Seele!

Ich bin ein Strahlender Stern!

Ich bin ein Jäger!

Ich bin ein Visionär!

Ich bin ein Krieger!

Ich bin ein Reisender!

Ich bin ein Prophet!

Ich bin ein Neugeborener!

Ich bin ein Sucher!

Ich bin ein Friedensmacher!

Ich bin eine Alte Seele!

Zum ersten Mal in meinem Leben weiß ich wirklich, wer ich bin und warum ich bin. Ich habe endlich die Antworten auf all die Fragen, die ich mir seit meiner Kindheit gestellt habe, gefunden. Die Antworten zu kennen, ändert nichts an dem, was in der Vergangenheit passiert ist, aber es hat meine Einstellung zu mir selber verändert und auch meine Einstellung zu den Menschen in meinem Leben, die ich mir immer anders gewünscht hätte. Jetzt kann ich sehen, und ich sehe klar und deutlich. Er war ein Krieger, sie eine Rückblickende; er war ein Jäger, sie ein Strahlender Stern; und so weiter. Ich bin deswegen nicht weniger wert, im Gegenteil, ich bin ganz ich.

Zum ersten Mal in meinem Leben weiß ich, wer ich bin, und ich hoffe, Ihnen geht es genauso. Ich kann voller Überzeugung und Stolz und von ganzem Herzen sagen: *Ich bin.*
Ich bin eine Krieger Seele!
Und wer sind Sie?

TEIL V:

DAS ENDE UND DER ANFANG

DAS SCHLUSSKAPITEL

Immer wieder ist etwas im Leben zu Ende, wie wir alle wissen. Auch wenn wir unsere Einzigartigkeit und Unzerstörbarkeit als Seelenzeichen verstehen, so bleiben wir doch zerbrechliche menschliche Wesen, und Trennungen können, vor allem wenn wir noch jung sind, großen Schaden in unserem Leben und unseren Seelen anrichten. Wir trennen uns von einer Freundin oder einem Freund, wir verlieren den Job, wir sind gezwungen umzuziehen, wir haben einen Unfall, oder wir streiten uns mit jemandem, der uns nahe steht. Manchmal geht jeden Monat oder sogar täglich etwas zu Ende, und wir fragen uns: »Was soll ich jetzt bloß machen? Wie soll ich bloß weiterleben?«

Manches Ende empfinden wir allerdings auch als Segen, als neuen Anfang – Gott hat uns endlich eine Atempause gewährt. Wir sind schuldenfrei, wir bekommen einen tollen Job, wir lernen einen neuen Mann kennen, ein Baby kommt auf die Welt, wir kaufen ein neues Haus, eine Beziehung festigt sich wieder, und wir fragen uns: »Womit habe ich bloß all das Glück verdient?«

Wir alle leben so, mit Höhen und Tiefen, mit Gutem und Schlechtem, und keiner von uns entkommt dem Leben, noch nicht einmal im Tod.

Und ganz gleich, wie für uns Ende und Anfang aussehen, wir gehen alle unterschiedlich damit um, getrieben von unserer ganz besonderen Energie – Feuer, Erde, Luft, Wasser oder Schwefel.

Es gibt nicht eine einzige Seele auf der Erde, die keine Kraft besitzt. Kollektiv können wir unsere Energie auf gute oder schlechte Art einsetzen, und das Gleiche gilt für uns als Individuen. Die Entscheidung liegt bei uns. Wir können nicht wählen, aus welcher Energiegruppe wir stammen, aber wir haben die Wahl, was wir damit anfangen.

Wir sind alle Blumen, wundervolle goldene Narzissen, in einem Garten voller Licht, voller Energie und Chancen. Wir sterben nicht, sondern verwelken nur, verwelken auf dieser Erde, in diesem Garten, um in einen neuen, noch schöneren, noch prächtigeren Garten gepflanzt zu werden.

In den vergangenen fünfundzwanzig Jahren habe ich bei meiner Arbeit als spirituelles Medium und Heilerin viele Menschen sterben sehen, und ich habe mit noch mehr Seelen gesprochen, die unsere Erde bereits verlassen haben. Das tue ich. Das bin ich. Und so habe ich von den Seelenzeichen erfahren.

Ich habe zahlreiche Menschen getröstet, die ihre Verluste, ihre Trennungen, beweinten, und ich war bei vielen, die abwechselnd weinten und lachten, wenn sich die, die in der geistigen Welt sind, in ihren neuen Anfängen zeigten. Sie sind unseren Blicken entzogen, aber sie leben und atmen trotzdem, nur an einem anderen Ort. So endet ein Leben, und ein anderes beginnt.

Das schlimmste und schwierigste Ende ist für die meisten Menschen der Tod eines geliebten anderen Menschen. Das letzte Kapitel. Das Ende eines Menschenlebens. Und vielen, vor allem denjenigen, die ein Kind verloren haben, kommt es so vor, als sei damit auch das eigene Leben vorbei. Und doch leben wir weiter, nehmen uns zusammen, versuchen uns von unserem Schmerz nicht völlig überwältigen zu lassen. Wir agieren wie Roboter, bewegen uns durch ein Meer menschlicher Aktionen und Reaktionen und warten darauf, dass der Nebel sich lichtet. Und wir fragen uns: »Wie kann das Leben weitergehen? Wozu überhaupt? Warum schickt Gott uns solchen Schmerz?«

Letztendlich bleibt das Leben ein Geheimnis, und auch wenn wir einen Teil begreifen – Lernen, Wachstum und all diese guten Sachen –, begreifen wir noch lange nicht alles, weil das Leben einfach nicht fair ist.

Es gibt ein wunderbares Lied von Chris Rea, das das Mysterium des Lebens und all unsere Fragen dazu viel besser beschreibt als ich es je könnte, und immer wenn ich es höre, habe ich einen Kloß im Hals, weil die Worte so einfach und wahr sind und er es so einfühlsam singt. Es handelt von einem kleinen Jungen, der seinen Großvater fragt, warum so viele schreckliche Dinge passieren, und da erst beginnt der Großvater sich selber Gedanken zu machen und zu überlegen, was er seinem Enkel sagen könnte. Traurig über all die Grausamkeiten, die im Leben und auf unserer Erde geschehen, wendet sich der Großvater schließlich an Gott: »Sag mir, dass es einen Himmel gibt ...«

Wenn ich mit Menschen spreche, die einen geliebten Menschen verloren haben, dann kann ich ihnen versichern, dass es einen Himmel gibt, weil ich weiß, dass es stimmt. Ich sage ihnen, dass jedes Ende eigentlich ein neuer Anfang ist; dass es im Himmel Engel gibt und das Licht Gottes für uns alle sichtbar ist. Und ich weiß, dass es die Wahrheit ist, weil ich viele Male dort war.

In der westlichen Welt haben alle Geschichten einen Anfang, eine Mitte und ein Ende. Für die meisten Schriftsteller gilt die Regel: Es muss einen Anfang geben, einen guten Anfang, der den Leser in seinen Bann zieht; eine fesselnde Mitte, um die Aufmerksamkeit des Lesers wach zu halten, und ein so starkes Ende, dass der Leser auch das nächste Buch des Autors lesen möchte.

Wenn ich zu schreiben anfange, beginne ich nie am Anfang, sondern meine Kapitel fügen sich zusammen wie ein Puzzle, das ich mithilfe meines Lektors lege. Aber natürlich muss es trotzdem einen Anfang, eine Mitte und ein Ende geben. So ist die Regel, und wir alle müssen gewissen Regeln folgen, wenn wir unser Tun sinnvoll gestalten wollen.

In der indianischen Kultur ist das ein wenig anders. Der Anfang ihrer Geschichten ist immer die Fortsetzung früherer Kapitel, da sie wissen, dass das wahre Leben kein Ende hat. Es gibt keine Schlusskapitel, weder in ihren Geschichten noch in ihrem Leben. Ihre Geschichten haben keinen Anfang, keine Mitte und kein Ende, und genauso ist das Leben tatsächlich.

Daher werde ich in diesem letzten Kapitel wieder an den Anfang dieses Buches zurückgehen, wo ich von meinem Geistführer, Grauer Adler, berichtet habe. Und ich werde Ihnen ein paar Geschichten erzählen, die Ihnen noch einmal zeigen sollen, wer ich bin und was ich als spirituelles Medium tue.

Jeder, mit dem ich in der geistigen Welt rede, lehrt mich etwas, ganz gleich, was er in seiner irdischen Existenz gewesen ist. Seit Grauer Adler mir die Seelenzeichen erklärt hat, werde ich jeden Tag daran erinnert, dass ich eine Krieger Seele bin, und all meine Handlungen sind von diesem Wissen erfüllt. Jeden Tag sehe ich andere mit neuen Augen, und ich verstehe sie endlich besser. Die Kellnerin, der Geschäftsmann, der Verkäufer – ich frage mich unwillkürlich, was sie wohl für ein Seelenzeichen sind. Und es ist das Gefühl da, dass etwas Größeres uns hält; etwas, woran wir glauben können. Wir alle haben Zeiten im Leben, in denen wir uns verloren fühlen. Aber dank unseres Wissens über die Seelenzeichen wissen wir auch, dass wir nicht allein sind, dass wir in einen größeren Zusammenhang gehören, dass wir denken, fühlen, agieren und reagieren wie andere.

Als spirituelles Medium und Heilerin und als Krieger Seele habe ich das Bedürfnis, dieser Gabe, die ich besitze, Ausdruck zu verleihen, und ich kann sie am besten durch meine Geschichten verdeutlichen.

Gottes Plan

Es war Winter in Vermont, und ein Schneesturm kündigte sich an. Ich war den ganzen Tag bei Llewella gewesen, seit dem frühen Morgen, hatte dafür gesorgt, dass sie aus dem Krankenhaus nach Hause gebracht wurde und war dann bei ihr geblieben, hatte mich um die häusliche Pflege gekümmert und mit ihren Freunden geredet.

Ich kannte Llewella seit über einem Jahr, und wir waren uns in dieser Zeit sehr nahe gekommen. Ihre Krankheit war im Endstadium, und da wir es beide wussten, hatten wir daran gearbeitet, die Qualität der Zeit, die ihr noch blieb, zu verbessern statt sie hinauszuzögern. Llewella war äußerst spirituell. Sie kannte die Bibel auswendig und hatte einen tiefen Glauben an Gott. Sie war der festen Überzeugung, dass er mich zu ihr gesandt hatte. Der Meinung war ich im Übrigen auch, aber ich dankte Gott dafür, dass er mir Llewella auch zu meinem eigenen Nutzen geschickt hatte.

Der Tag davor war ein Albtraum gewesen. Cheyenne, Llewellas Freundin, hatte voller Panik angerufen, weil die Kranke sich schlimm erbrach und über Schmerzen im Bauch klagte. Da Llewella sich nie über etwas beklagte, wusste ich sofort, dass es ernst sein musste.

»Rufen Sie den Pflegedienst an. Sie sollen jemanden schicken. Ich komme, so schnell ich kann.«

Ich brauchte eine Stunde, und als ich endlich eintraf, war die Krankenschwester schon da. »Sie ist dehydriert«, sagte die Schwester. »Wir müssen sie sofort ins Krankenhaus bringen.«

»Nein«, sagte eine Stimme aus dem Schlafzimmer, fest, stark und bestimmt, typisch für eine Krieger Seele. »Nein, ich gehe nicht ins Krankenhaus. Ich bleibe hier.«

»Sie ist stur«, sagte Cheyenne. »Sie werden sie nicht dazu bringen können, wenn sie nicht will. Keine Chance.«

Ich wusste, dass sie Recht hatte. Einer der Züge, die ich an Llewella am meisten mochte, war ihre streitsüchtige Ader. Sie hatte ihr geholfen zu überleben und die Farm nach dem Tod ihrer Eltern vor über dreißig Jahren ganz allein zu führen. Seufzend trat ich ins Schlafzimmer und schloss leise die Tür hinter mir. Llewella und ich mussten unter vier Augen miteinander reden, und ich wusste, es würde kein Spaziergang werden.

»Du musst ins Krankenhaus, das ist dir klar«, sagte ich und nahm sanft Llewellas Hände in meine. »Du bist völlig ausgetrocknet, deshalb geht es dir auch so schlecht. Du musst behandelt werden, und das geht hier nicht.«

Die eigensinnige alte Frau blickte mich direkt an, und in den nächsten zehn Minuten diskutierten wir miteinander. Llewella hatte keine Angst vorm Sterben, nein, damit hatte sie schon vor langer Zeit ihren Frieden gemacht, aber sie wollte zu Hause sterben, wo sie hingehörte, wo ihr Herz und ihre Seele waren, umgeben von vertrauten Dingen, wo sie sich sicher fühlte. Sie hatte einfach Angst, dass sie nicht mehr zurückkommen würde, wenn sie ihr Haus verließ.

Also schlossen wir einen Kompromiss. Zwei Krieger Seelen, die beide gelernt hatten, der anderen zu vertrauen, jede um das Wohlergehen der anderen besorgt, jede voller Respekt vor der anderen. Llewella sagte: »Na gut, ich gehe ins Krankenhaus, aber nur, wenn du mir versprichst, dass ich in vierundzwanzig

Stunden wieder hier bin. Ich will nicht in einem blöden Krankenhausbett sterben.«

»In vierundzwanzig Stunden bist du wieder hier«, versprach ich und betete zu Gott, dass ich mein Versprechen würde halten können. Mein Instinkt sagte mir jedoch, dass ich es konnte.

Und als ich es ihr jetzt zu Hause in ihrem Bett wieder bequem machte und dafür sorgte, dass es nahe genug am Fenster stand, damit sie die Weiden und ihre Pferde sehen konnte, brach es mir fast das Herz, als ich sah, wie schwach sie in den letzten vierundzwanzig Stunden geworden war. Trotzdem schenkte sie mir ein strahlendes Lächeln, als ich die Decke unter ihrem Kinn feststeckte.

»Du hast dein Versprechen gehalten«, flüsterte sie, und ich nickte. Aber nur ganz knapp, dachte ich, nur ganz knapp.

Als ich ihr die Hand drückte, wusste ich, dass es Llewellas letzter Tag war, und ich dachte selbstsüchtig: Was soll ich ohne sie nur tun? Was soll ich nur tun?

Diese harte alte Bäuerin mit ihren schlammbespritzten Stiefeln, den mit Kordel zusammengehaltenen Hosen, immer mit einer Kappe auf den graublonden Haaren, den Mützenschirm tief in das wettergegerbte Gesicht gezogen, ihrem Gang, der noch vor ein paar Tagen kräftig und zielstrebig gewesen war, auch wenn sie eine Gehhilfe benutzen musste – Llewella war eine Inspiration für jeden, der sie kennen lernte. Für mich war sie mehr als eine Inspiration.

Ich musste an jenem Abend einen Vortrag halten, und die Fahrt nach Hause würde mindestens eine Stunde dauern, vielleicht sogar noch länger, so schlecht wie das Wetter war, aber ich zögerte meinen Aufbruch so lange wie möglich hinaus. Schließlich sagte ich ihr Lebwohl. Ich wusste, dass ich sie auf dieser Erde nicht wieder sehen würde.

Die Fahrt nach Hause war tatsächlich mühsam und wurde

noch problematischer, als ich auf der Hälfte der Strecke auf einmal schlimme Kopfschmerzen bekam. Meine Freundin Joan, die aus England zu Besuch war, tat ihr Möglichstes, um meine Gedanken auf die positiven Aspekte des Sterbens zu richten, aber als wir endlich zu Hause ankamen, waren meine Kopfschmerzen doch gigantisch geworden.

»O Gott«, stöhnte ich. »Bitte, lass das nicht zu. Wie soll ich denn heute Abend arbeiten? All die Leute, die von so weither angereist sind ...«

Irgendwie gelang es mir schließlich, mich mit Joans Hilfe umzuziehen und zu der Schule zu fahren, wo ich erwartet wurde. Es war ein karitativer Anlass für ein örtliches Kinderheim, und ich hatte bereitwillig und freudig zugesagt. Aber als ich jetzt nur fünf Minuten vor der vereinbarten Zeit ankam, steigerte ich mich in eine echte Panik hinein. Der Saal war voll, über fünfhundert Menschen, die alle Bestleistungen von mir erwarteten. Mir platzte fast der Schädel, und ich sah alles nur wie durch einen Nebel. Im Geiste sah ich Llewella vor mir. Gottes Plan, das war das Wichtigste – es ging hier nicht um Rosemarys Plan, um den Plan der Zuhörer, es ging nur um Gottes Plan.

Als ich mit meinem Vortrag begann, spürte ich die Wärme des Publikums. Über ein Drittel der Menschen war aus dem ganzen Land angereist. Manche waren geflogen, manche waren stundenlang gefahren, trotz des schrecklichen Wetters, und sogar die Einheimischen hatten ihre gemütlichen Kaminfeuer verlassen, um den Abend mit mir zu verbringen.

Wie immer spürte ich die Anwesenheit meines Geistführers, und obwohl meine Kopfschmerzen immer noch heftig waren, wurde ich langsam ruhiger. »Was kommt, das kommt«, wie es in dem alten Doris-Day-Song heißt. »Que sera, sera.«

Meinen ersten Kommunikator sah ich ganz deutlich. Sie stand neben ihren Eltern, und als ich durch den Mittelgang auf sie zuging, beschrieb sie mir ihren plötzlichen Tod durch

Gehirnblutung und wie leicht sie gestorben sei. Sie war so hübsch, mit schulterlangen, dunklen lockigen Haaren, blass olivfarbenem Teint, dunkelbraunen Augen und einem Lächeln, das den Saal erhellte.

»Ich bin Krankenschwester«, erzählte sie mir fröhlich, »Kinderkrankenschwester, und ich liebe meinen Beruf.«

Ich ergriff die Hände ihrer Eltern und drückte die Hand ihrer Mutter leicht. Ich erzählte ihnen alles, was ich sah und hörte, und sie nickten, lachten und weinten, während ihre Tochter ihnen bewies, dass sie über den Tod hinaus lebte.

Dann tippte mir jemand aus der Reihe hinter mir auf die Schulter.

»Bin ich jetzt dran?« Als ich mich umblickte, sah ich einen jungen Mann Anfang zwanzig.

»Natürlich«, erwiderte ich lächelnd, wobei ich immer noch die Eltern der jungen Frau an den Händen hielt. »Selbstverständlich. Mit wem möchten Sie denn sprechen?«

»Mit meiner Mom«, sagte er. »Aber Sie müssen sich umdrehen, weil sie direkt hinter ihnen steht.« Er wies auf seine Mutter, die mich mit großen Augen ungläubig anschaute, weil sie ausgewählt worden war.

»Ihr Sohn sagt mir, er sei bei einem Motorradunfall gegen eine Mauer geprallt und sofort tot gewesen. Stimmt das?«, fragte ich. Ihr stockte der Atem, und Tränen flossen ihr übers Gesicht, als sie zustimmend nickte.

»Ihr Sohn ist hier, er steht direkt vor Ihnen und versucht, sie erkennen zu lassen, dass er nicht gestorben ist«, sagte ich leise. Wieder nickte sie, unfähig ein Wort hervorzubringen.

Jemand zupfte mich am Ärmel, und erneut war es die junge Frau, die an einer Gehirnblutung gestorben war. Neben ihr stand ein kleines Mädchen, ungefähr fünf Jahre alt. »Sie ist eins meiner Kinder«, hörte ich die junge Frau sagen. »Sie ist erst seit ein paar Tagen hier.«

Die Eltern der jungen Frau reagierten verwirrt auf diese Information, und ich war einen Moment lang auch ein bisschen durcheinander, bis die Fünfjährige aufgeregt ins Publikum zeigte. »Da sind sie, da sind sie!« Schnell wie der Blitz rannte sie den Gang entlang zu ihren Geschwistern.

»Lauf ihr nach, lauf ihr nach«, sagte Grauer Adler. »Du hast keine Zeit zum Nachdenken, lass dich einfach treiben.«

Das »treiben lassen« brachte mich zu einer Zeit und einem Ort, die nicht so weit entfernt waren. Ich roch den Brand, bevor ich den Feuerschein sah, und ich sah die Menschen aus dem Haus, bevor ich ihre verbrannten Leichen sah. Eine achtköpfige Familie, Eltern, Großeltern, Geschwister und zwei Enkelkinder, eins davon meine entschlossene kleine Fünfjährige, das andere noch ein Baby, ein kleiner Junge, erst wenige Monate alt. Acht Menschen waren in dem Feuer umgekommen, und ich stand da und sah zu, wie ihr Haus in Schutt und Asche zerfiel, bis nichts mehr übrig war.

Ein Zupfen an meinem Ärmel, und ich war wieder im Hier und Jetzt. Vor mir saßen zwei Schwestern und ihr Bruder, der gerade erst siebzehn war, und sie hielten einander fest und weinten, als ich ihnen erzählte, was ich gesehen hatte. Um sie herum stand ihre Familie, die erst vor ein paar Tagen gestorben war. Eine dicke Frau löste sich aus der Gruppe.

»Ich war Busfahrerin«, sagte die Mutter voller Stolz. »Ich habe jahrelang den Schulbus gefahren.« Beim Sprechen wiegte sie sanft ein Baby in den Armen. Sie zeigte auf eine der Schwestern und sagte: »Sagen Sie meiner Tochter, wir passen gut auf ihn auf, und eines Tages wird sie ihren Sohn wiedersehen.«

Die junge Frau vor mir klammerte sich noch fester an ihre Schwester und stöhnte voller Qual auf.

Auch mein Publikum weinte, obwohl niemand den Schmerz begreifen konnte, den diese drei jungen Leute erfahren hatten. Ich sprach noch mit anderen Mitgliedern der Familie, die bei dem Brand ums Leben gekommen waren, und alle wollten Botschaften voller Hoffnung und Liebe übermitteln. Mein Publikum war geduldig, aber ich wusste, dass ich nicht zu lange an diesem einen Ort verweilen durfte. Ich würde sie alle wieder treffen, wenn sie mich in ein paar Monaten zu Hause besuchen kämen. Im Augenblick konnte ich mich kurz fassen.

Während ich mich durch den Saal arbeitete und mich fragte, wer wohl als Nächstes käme, kam mir kurz meine Freundin Llewella in den Sinn. Als ich ihr Gesicht vor meinem geistigen Auge sah, wusste ich, dass sie noch nicht gegangen war. Es würde noch ein paar Stunden dauern.

Dann wurde meine Aufmerksamkeit auf jemand anderen gelenkt. »Ich bin ihre Schwester«, hörte ich jemanden sagen, »und ich hatte Meningitis. Es ging sehr schnell, ich bekam Fieber, mein Kopf tat so weh, und dann war es vorbei.«

Ich stand vor einer jungen Frau, die sich ungläubig an ihren Mann klammerte und die zutreffende Aussage kaum fassen konnte. Sie schluckte und sprudelte hervor: »Ich habe sie immer wieder um ein Zeichen gebeten, um mir zu zeigen, dass sie bei mir ist. Könnte sie mir jetzt ein Zeichen geben, damit ich weiß, dass sie tatsächlich hier ist? Können Sie mir etwas sagen, Rosemary, damit ich weiß, dass es meine Schwester ist?«

Bevor ich sie fragen konnte, erwiderte die Schwester: »Sagen Sie ihr, ich war der Vogel. Ich bin der Vogel, der seit ein paar Tagen jeden Tag an ihr Küchenfenster kommt. So zeige ich ihr, dass ich nicht gestorben bin. Sagen Sie ihr, ich bin der Vogel, der mit seinem Schnabel an die Scheibe klopft, damit sie weiß, dass ich immer für sie da bin.« Der jungen Frau vor mir liefen die Tränen über die Wangen, und ihr Herz floss über vor Freude.

»Lass dich treiben, lass dich treiben«, sagte Grauer Adler, und ich folgte seiner Hand, die mich zur nächsten Botschaft geleitete. Ich brauchte nicht zu denken, sondern stellte einfach die Verbindungen her und ließ es geschehen.

Gerade übermittelte ich eine Botschaft, als mir auf einmal der Atem stockte. Neben seiner Frau stand breit lächelnd mein Freund Sheldon.

Ich konnte es kaum glauben, ihn zu sehen. Mein Herz machte einen Satz, und ich hatte einen Kloß im Hals. Aber warum? Ich wusste doch, dass seine Frau kommen wollte, ich hatte ihr ja selbst die Einladung gegeben. Tränen traten mir in die Augen, und ich biss mir auf die Lippen, um meine Gefühle unter Kontrolle zu halten. Langsam, mit gesenktem Kopf, trat ich auf ihn zu. Das Publikum würde mir nichts anmerken. Sie würden glauben, dass ich auf weitere Stimmen lauschte, aber in Wahrheit war ich nur ein kleines, zerbrechliches menschliches Wesen, das in einem Meer widersprüchlicher Gefühle trieb.

Sheldon ist mein Freund gewesen. Er *ist* mein Freund. Er hat sich um mich gekümmert, um mein Grundstück, meinen Hund, mein Haus. Wegen eines einfachen Eingriffs musste er ins Krankenhaus, und er sollte noch am selben Tag wieder zu Hause sein. Ich war gerade in Europa, als es geschah. Als ich nach Amerika zurückkam, lag er im Koma, das zwei Wochen lang anhielt. Ich besuchte ihn jeden Tag im Krankenhaus und versuchte Mary, seine Frau, so gut wie möglich zu unterstützen.

Er war erst seit sechs Wochen tot, und ich hatte ihn zwar noch nicht gesehen, ihn aber bei einigen Gelegenheiten schon gehört. Einmal hatte er mich angewiesen, seiner Frau zu Weihnachten einen schokoladenbraunen Labrador, wie meinen eigenen, zu schenken. Und jetzt stand er hier. Als ich meine Gefühle wieder einigermaßen unter Kontrolle hatte, wagte ich einen weiteren Blick. Er war immer noch da.

»Sag Mary«, sagte er zu mir, »dass ich hier bin. Sie wartet heute Abend auf eine Nachricht. Und, Rosemary«, fügte er mit Tränen in den Augen hinzu, »danke für den Welpen. Ich mag dich sehr.« Ich übermittelte Mary die Nachricht, und sie freute sich sehr.

Der Abend ging dem Ende entgegen. Der Saal war voll, trotz des Wetters, und die geistige Welt, die nur ich sehen konnte, füllte ihn noch zusätzlich. Es waren unzählig viele, aber ich wusste, mit wem ich jetzt sprechen musste. Er trat vor, die Hand leicht auf der Schulter seiner Frau, wobei ihm eine Träne über die Wange rollte. An der anderen Hand hielt er einen etwa zehnjährigen Jungen.

»Mein Sohn«, erklärte er. »Mein Sohn und ich, wir sind zusammen gestorben, aber Bridget«, er hob die Hand von der Schulter seiner Frau, um dem Mädchen, das neben ihr stand, über die Haare zu streichen, »meine Tochter musste zurückbleiben.«

»Was ist passiert?«, fragte ich Grauer Adler.

Ich sah zwei Kinder, einen Jungen und ein Mädchen, die mit ihrem Vater zusammen im Auto fuhren. Sie fuhren über eine nicht allzu belebte Straße, ich hörte ihre Stimmen, Lachen und Geplapper, die Kinder spielten irgendein Spiel. Glück ist etwas Wundervolles, und ich sah, wie der Vater lächelte, als er seinen Kindern zuhörte, und sich ab und zu an ihrem Gespräch beteiligte. Ein ganz normaler Familienausflug. Es könnte jeder sein, dachte ich, auch ich und meine Tochter. Meine Gedanken wurden jedoch unterbrochen, weil ich es spürte, bevor ich es sah. Der Aufprall dröhnte laut in meinen Ohren ...

Der Junge und sein Vater schwebten über dem Autowrack. Auch das Mädchen schwebte, aber anders und getrennt von ihnen. Dann gleißend helles Licht, ich hörte Flügel rauschen, die Luft um mich herum bewegte sich, und sie hoben den Mann und den Jungen auf ... Wie viele es waren, konnte ich nicht sagen, aber die Engel waren gekommen, und jetzt gab es für die beiden kein Zurück mehr.

Dann kam der Krankenwagen. Zwei waren tot, und das Mädchen war in einem kritischen Zustand. Ich sah, wie sie sie in den Krankenwagen schoben und mit ihr wegfuhren. Und ich sah, wie sie im Koma lag und niemand wusste, ob sie überleben würde.

Wieder in der Gegenwart, ergriff ich die Hände des Mädchens.

Ihr Vater und ihr Bruder traten näher, gaben ihr Hoffnung und Trost, dem mittlerweile dreizehnjährigen Mädchen, das noch einen langen Weg vor sich hatte, um die Folgen des Unfalls zu überwinden. Sie lächelte, als ich ihr die Botschaften ihres Vaters und ihres Bruders übermittelte, und das Lächeln ließ ihr Gesicht erstrahlen.

»Wissen sie, dass ich es geschafft habe?«, fragte sie. Ich nickte.

»Ja, das wissen sie«, erwiderte ich. »Das wissen sie.«

Der Abend war vorüber, und er war wirklich spektakulär gewesen. Meine Kopfschmerzen hatten sich wie durch Zauberei aufgelöst, als ich begonnen hatte zu arbeiten, und ich hoffte, ich hatte niemanden enttäuscht.

Es war schon zwei Uhr morgens, als ich endlich zu Bett ging, und Gedanken an Llewella überfielen mich.

»Du hast alles getan, was du tun konntest«, versicherte Grauer Adler mir. »Jetzt wird es nicht mehr lange dauern, nur noch eine Stunde, und bevor du aufwachst, ist sie heimgekehrt. Die Engel sind bei ihr, und sie sieht sie jetzt, also schlaf und mach dir keine Sorgen, ihr geschieht nichts.«

Ich schloss die Augen, Tränen liefen mir übers Gesicht, und ich fragte: »Was soll ich jetzt tun?«

»Hab Vertrauen, Kleines, hab Vertrauen, denn auch dir geschieht nichts. Vertrau uns, und du wirst sehen.«

Ich schlief, während meine Freundin ging, und in meinen Träumen rief sie meinen Namen. Und auch jetzt, wo ich schreibe, höre ich ihre Worte: »Gottes Plan, Gottes Plan, Gottes Plan.«

Ryan

Chris ist ein Wasserzeichen, eine Alte Seele, und ihr Mann Mike ist ein Luftzeichen und eine ausgeprägte Neugeborenen Seele. Sie führen eine gute Ehe und haben zwei großartige Kinder, Ryan und Mia. Als Erdzeichen ist Mia eine Planerin und Strategin. Sie steht mit beiden Beinen fest auf dem Boden und hat ein sehr gutes Verhältnis zu ihren Eltern.

Und Ryan – nun, hier ist Ryans Geschichte.

Zur Zeit des Unfalls war er sechzehn und saß im Wagen eines Freundes. Der Freund und ein weiterer Junge in einem anderen Auto dachten, es könnte cool sein, ohne Licht die Straße entlangzurasen.

Es waren kein Alkohol, keine Drogen im Spiel, es handelte sich nur um zwei Halbwüchsige, die herumalberten.

Das Mädchen in dem anderen Auto sagte später aus, sie habe den Fahrer angeschrien anzuhalten. Sie sei außer sich vor Angst gewesen, erklärte sie, und habe geglaubt, sie käme um.

Auch Ryan schrie seinen Freund an und versuchte, ihn aufzuhalten, aber sein Freund hörte nicht auf ihn.

Mit fast neunzig Stundenkilometern prallten sie gegen einen Baum, auf einer schmalen Landstraße in Manchester, Vermont. Der Wagen überschlug sich und blieb in einem Graben liegen. Ryan hing kopfüber in seinem Gurt, mit tödlichen Kopfverletzungen. Sein Leben war vorüber, und damit auch das Leben seiner Schwester und seiner Eltern, jedenfalls die Art von Leben, das sie bisher geführt hatten.

Weder Chris noch Mike hatten jemals über ein Leben nach dem Tod nachgedacht. Sie waren nicht religiös und dachten noch seltener daran, dass der Tod im Leben immer präsent ist. Da sie verschiedene Seelenzeichen waren, von einer anderen Energie angetrieben wurden, nahmen sie die Tragödie auf unterschiedliche Weise an und bemühten sich jeder auf seine Weise um einen Neubeginn.

Mia, die Planerin, die Strategin, das bodenständige Erdzeichen, beteiligte sich an allen Aktivitäten, die mit Ryans Freunden zu tun hatten. Ihre Energie trieb sie dazu, beschäftigt und aktiv zu bleiben. Sie wirkte klüger und älter als sie war, wurde noch bodenständiger und sensibler und fand so ihren Neubeginn. Ihr Leben geht auf positive Art weiter.

Mike, das passive, unbekümmerte Luftzeichen, daran gewöhnt, sich treiben zu lassen, fand sich in einer ungewohnten Depression wieder, die für ihn unerträglich war. Seine Energiekraft trieb ihn vorwärts, aber er rang nach Luft und versuchte verzweifelt, den Schmerz in seinem Herzen zu überwinden. Schließlich fand er wieder zu sich selbst, aber er war trotzdem nicht mehr der Alte. Die Probleme, die ihn früher heruntergezogen hätten, konnte er jetzt mit Abstand betrachten. Er konnte sich an einen Ort zurückziehen, wo Schmerz und Qual zumindest für eine Zeit lang erträglich waren. So fand auch er einen Neubeginn, eine neue Art zu leben, nicht besser, aber anders.

Chris, das Wasserzeichen, gewöhnt an Kompromisse, fand sich in einem stürmischen, kompromisslosen Meer wieder, einem Meer voller Gedanken und Gefühle, die sie noch nie zuvor erlebt hatte. Es gab keinen Kompromiss, kein Leben, keine Zukunft, keine Hoffnung. Sie hatte das Gefühl, emotional zu ertrinken. Sie versuchte zu schwimmen und wollte es eigentlich nicht; sie versuchte zu ertrinken, konnte es aber nicht. Irgendwie musste das Leben weitergehen. Aber wie?

Wenn sie doch ihr Schicksal nur mehr annehmen könnte, wie ihr Mann, das Luftzeichen. Wenn sie aktiver sein könnte, wie ihre Tochter, das Erdzeichen. »Wenn ich doch nur sein könnte wie sie! Warum sind sie nicht wie ich?«

Von dem Moment an, in dem Chris erfuhr, dass ihr Sohn

umgekommen war, begann sie mit ihm zu sprechen. »Gib mir ein Zeichen. Gib mir einfach ein Zeichen, dass es dir gut geht.«

Bald darauf kamen die Pennies – das erste Zeichen. Pennies von 1983, dem Jahr, in dem Ryan geboren worden war.

Aber der Fluss der Emotionen war immer noch reißend, die Pennies waren nicht genug, und Chris wusste, dass sie Hilfe brauchte. Ihr Therapeut schickte sie zu mir. Oder, um genau zu sein, Ryan selber führte seine Mutter zu einem Medium, durch das er mit ihr kommunizieren konnte.

In den letzten vier Jahren habe ich mich mit Chris und Mike angefreundet. Ich habe bei vielen Gelegenheiten mit Ryan gesprochen, und die Beweise für sein Leben nach dem Tod sind überwältigend. Am liebsten war mir jedoch der Kaktus, und er war es auch, der Chris' Zweifel restlos beseitigte. Es war eine einfache Botschaft, aber Chris und ihre Familie verstanden sie nicht. Ryan brachte mich an einen Ort, den ich nicht kannte. Überall sah ich Berge und wilde Pferde, und dann zeigte Ryan mir einen Kaktus, einen kleinen Kaktus, der etwas ganz Besonderes sei, wie er mir erklärte.

Chris war verwirrt, als ich berichtete, was ich gesehen und gehört hatte. Weder ihr noch ihrer Familie kam daran etwas bekannt vor. Eine Woche später jedoch kam Ryans bester Freund, Andrew, von einer Reise nach Montana zurück, einer Gegend mit Bergen und wilden Pferden. Er und ein anderer Freund hatten auf einem frisch gemähten Feld Rast gemacht, als Andrew plötzlich ein kleiner Kaktus auffiel, der dort ganz alleine stand. Weit und breit war kein anderer Kaktus zu sehen. Er hatte die ganze Zeit über viel an Ryan gedacht, und ohne nachzudenken grub er den Kaktus aus und nahm ihn mit nach Hause. Seine Mutter, Chris' beste Freundin, erzählte ihm sofort von Ryans seltsamer Nachricht.

Als Chris an jenem Tag von der Arbeit nach Hause kam,

wartete Andrew bereits auf sie und hielt den kleinen Kaktus wie ein Juwel in den Händen. »Ich glaube«, sagte er mit Tränen in den Augen, »ich glaube, Chris, dieser Kaktus ist für dich.«

Auf dem Dach der Welt

Ich lernte Leticia auf Kreta kennen, der griechischen Insel, auf der ich einen zweiwöchigen Workshop abhielt. Sie hatte acht Monate zuvor ihren Sohn verloren, und seitdem hatte sie unzählige Bücher gelesen und zahllose Websites besucht, um sich über das Leben nach dem Tod zu informieren. Sie tat alles, um den Schmerz und das Leid zu lindern und ihren Sohn irgendwie wiederzufinden.

Sie handelte planlos, getrieben von ihren Emotionen, ohne zu wissen, was sie brauchte, was sie suchte, in dem verzweifelten Wunsch, Antworten auf die Fragen zu finden, die ihr nicht aus dem Kopf gingen.

Schließlich stieß sie auf meine Website und bestellte alle meine Bücher, die sie sofort las. Und dann buchte sie ohne zu zögern die Reise.

Sie haben es sicher schon erraten, Leticia ist, genau wie ihr Sohn Luis, ein Feuerzeichen, beide sind Strahlende Sterne. Leticia suchte leidenschaftlich nach einem Weg, um ihren Sohn zu finden, und ihr Sohn suchte genauso leidenschaftlich nach einer Möglichkeit, Kontakt mit seiner Mutter aufzunehmen oder sie zumindest wissen zu lassen, dass es ihm gut ging. Beide fanden sie mich.

In den folgenden zwei Wochen sprach ich mit vielen Eltern, die ihre Kinder verloren hatten, und Botschaften voller Liebe und Hoffnung standen im Raum. Seelen wurden vereint, auch Leticia und ihr Sohn – es gab kein Ende, nur lauter neue Anfänge.

Während dieses Workshops entwickelte sich eine besondere Beziehung zu Leticia, die in eine Freundschaft mündete. Seit der Reise hatten wir uns zwei oder drei Mal gemailt, aber am 18. November rief Leticia mich völlig aufgelöst morgens an. »Heute ist sein Geburtstag«, schluchzte sie. »Ich glaube, ich kann es nicht ertragen. Ich weiß nicht, was ich tun soll.«

Luis war sofort an meiner Seite, und ich lauschte seinen Worten, noch bevor seine Mutter den Satz beendet hatte. Er erzählte mir von dem kleinen Essen, das Leticia für die engere Familie und ein oder zwei gute Freunde geben wollte. »Sag ihr, ich werde heute Abend auch da sein. Ich möchte einen Schokoladengeburtstagskuchen mit Kerzen.«

»Aber wie soll ich denn mit Sicherheit wissen, dass er bei uns ist?«, schluchzte seine Mutter.

Ich beruhigte sie, und Luis fuhr fort: »Sag ihr, ich werde die Kerzen ausblasen.« Als ich zögerte, die Nachricht auszurichten, weil ich keine falschen Hoffnungen wecken wollte, sah ich seine wahre Feuerzeichen-Natur, die Leidenschaft in seinen Augen. »Ich werde da sein«, wiederholte er fest. »Und ich werde die Kerzen ausblasen.«

Leticias Gäste kamen um vier Uhr nachmittags, und sie erzählte ihnen von Luis' Versprechen. Es war schwer zu glauben. Würde er tatsächlich kommen?

Der Schokoladengeburtstagskuchen stand voller Kerzen. Der Tisch war perfekt gedeckt, mit achtzehn Kerzen in der Mitte, aber niemand achtete besonders darauf. Die Aufmerksamkeit aller richtete sich auf den Kuchen.

Leticia bemühte sich sehr, dass ihre Angst, enttäuscht zu werden, nicht die Oberhand gewann, aber sie vertraute mir und glaubte an ihren Sohn, und so wartete sie. Alle warteten.

Um sieben Uhr begannen die Kerzen auf dem Tisch auf einmal zu flackern. Da kein Fenster geöffnet war, gab es auch keinen Luftzug, deshalb war es eigentlich nicht möglich. Aber es geschah trotzdem. Einige Kerzen gingen aus, manche hatten auf einmal drei Flammen, manche wurden kleiner, andere größer. Dann flackerte auch die Lampe im Esszimmer, und die Kerzenflammen tanzten nur noch mehr.

Leticia spürte, dass ihr Sohn da war. Ihre beiden anderen Söhne und die Freunde spürten seine Anwesenheit ebenfalls. Luis hatte sein Versprechen gehalten und seine Kerzen ausgeblasen.

Als Leticia mich anrief und mich über Weihnachten nach Miami einlud, lehnte ich ab. Ich sagte, es sei unmöglich, weil ich ein Buch zu Ende schreiben müsse.

»Nun, das können Sie doch hier auch machen. Und wenn Sie über Weihnachten nicht können, wie wäre es dann mit Januar?«

Ich weiß nicht genau, warum ich schließlich doch zusagte. Sie wissen ja, ich bin ein Erdzeichen, ich plane und überlege gerne. Ich bin nicht so impulsiv wie ein Feuerzeichen, aber in diesem Augenblick sagte ich ohne zu zögern ja.

In Miami lernte ich Veri und Alejo, Leticias andere Söhne, kennen. Veri ist ein Wasserzeichen, eine Friedensmacher Seele, und Alejo ist ein Erdzeichen, eine Visionär Seele. Ich konnte aus erster Hand beobachten, wie die treibende Energiekraft jeden unterschiedlich in der Art beeinflusste, wie er mit dem Verlust fertig wurde.

Für Leticia war es, ist es, unglaublich schwierig, denn ihre Emotionen sind oft stärker als ihre Vernunft; sie versucht sich dann zurückzuziehen, damit die anderen ihre Qualen nicht sehen und nicht mitbekommen, dass sie ihre Gefühle nicht beherrschen kann. Aber Luis, ihr Feuerzeichen-Sohn, versteht ihre Bedürfnisse und Reaktionen, weil er es genauso empfindet.

Ich hatte erwartet, irgendwann während meines Besuchs in Miami wieder mit Luis zu sprechen, aber mein Aufenthalt ging dem Ende entgegen, und obwohl ich mit Luis zu seinem

Bruder Alejo gesprochen hatte, hatte er mir bisher noch keine Botschaften für seine Mutter gegeben. Und sie hatte überraschenderweise auch nicht danach gefragt. Aus Rücksicht auf mich, meine Zeit und Arbeit an dem Buch hatte Leticia, ganz ungewöhnlich für ein Feuerzeichen, beschlossen abzuwarten.

An unserem letzten gemeinsamen Tag saßen wir gerade draußen und entspannten uns, als ich das vertraute tapp, tapp, tapp auf meiner Schulter spürte. Ich brauchte mich nicht erst herumzudrehen, um zu sehen, wer es war. Dazu reichte seine Energie, die wie ein sanfter Emotionsfluss durch mich hindurchfloss.

Leticia bemerkte nichts und plauderte weiter, während ich auf das zu hören begann, was der gut aussehende junge Mann, der neben mir stand, seiner Mutter mitteilen wollte.

Ich ließ mich auf die Verbindung zu ihm ein, und Luis nahm mich mit zu dem Ort, der ihm damals am wichtigsten war.

»Der Berg, der Berg«, wiederholte er immer wieder, »sag ihr, sie kann mich auf dem Berg sehen.«

Ich wandte mich zu Leticia und fragte: »Wohnst du in der Nähe eines Berges?«

Überrascht von meiner Frage, da sie noch nicht wusste, dass Luis bei uns war, nickte sie und erwiderte, von ihrem Schlafzimmerfenster aus in ihrem Haus in Mexiko könne sie die Berge sehen.

Eilig holte sie ihren Kassettenrecorder und nahm die Botschaften auf, die Luis ihr an diesem Tag übermitteln ließ. Er sprach liebevoll von seinen Brüdern und dass er versuchen würde, sich um sie alle zu kümmern. Er sprach vom Tod als Anfang einer neuen Art von Leben, ein Leben, zu dem seine Familie und seine Freunde immer noch gehörten. Er redete davon, wie seine Mutter ihn erreichen und wissen könne, dass er bei ihr war. »Halte Ausschau nach mir auf dem Berg«, sagte er immer wieder, »und wenn du deine Augen und dein Herz öffnest, siehst du mich dort. Ich werde auf dem Dach der Welt stehen. Sag es auch meinen Brüdern. Ich werde auf dem Berg, auf dem Dach der Welt stehen.«

Am Tag danach fuhr Leticia nach Hause nach Mexiko. Sie rief mich an, um mir zu erzählen, dass ihr Sohn Alejo das Band und die Botschaft seines Bruders gehört habe.

»Ich wusste das gar nicht«, sagte Leticia, »aber Alejo und seine Freunde fahren immer mit ihren Moutainbikes auf den Berg. Sie stellen sich ganz oben auf den Gipfel, und Alejo sagt genau den gleichen Satz: ›Sieh mal, sieh mal ... ich stehe auf dem Dach der Welt.‹«

Zu wissen, dass wir eins von dreizehn Seelenzeichen sind und einen kurzen Teil unseres Lebens auf einem Planeten verbringen, den wir Erde nennen und der nur ein Sandkorn, ein Staubflöckchen im großen Universum ist, finde ich unendlich faszinierend und aufregend. Es gibt immer noch mehr zu lernen, und die Informationen in diesem Buch sind nur ein winziger Teil eines viel größeren Wissens über Seelenzeichen und was sie für uns bedeuten.

Wir sind Seelen, geschaffen aus fünf Energiequellen, stammen aus dem Universum und aus einer Kraft, die so komplex ist, dass sie uns erstaunt und verwirrt.

Wir sind spirituelle Wesen, Teil des menschlichen Seelenclusters, aber wir sind auch Teil der Kraft des Heiligen Geistes, der Gotteskraft, die uns umfasst und beschützt. Und ganz gleich, was wir gerade erfahren, wir sollten getröstet sein, denn alles ist Gottes Plan, auch wenn es uns manchmal nicht so vorkommt.

Es spielt keine Rolle, ob Sie hundertprozentig daran glauben, dass es ein Leben nach dem Tod gibt. Wenn Sie jemanden verlieren, den sie lieben, brauchen Sie die Versicherung, dass es ihm gut geht. Wenn wir Zeichen oder Botschaften aus der geistigen Welt bekommen, sind wir beruhigt. Wir brauchen die Bestätigung, dass wir geliebt werden, dass für uns gesorgt wird, dass unsere Lieben geliebt werden und dass für sie gesorgt wird; wir brauchen die Bestätigung, dass wir nicht allein sind, dass wir tatsächlich Teil eines größeren Plans sind.

Seelenzeichen geben uns diese Bestätigung. Sie helfen uns, die Unterschiede zu anderen zu verstehen. Sie helfen uns zu verstehen, wer wir sind. Sie helfen uns, uns mehr zu lieben. Und sie helfen uns, mit anderen besser zurechtzukommen.

Eine kleine Kreatur

Ich betrachte noch einmal alles, was ich geschrieben habe, wobei mir klar ist, dass es nur ein kleiner Teil dessen ist, was ich weiß. Es würde mir schwer fallen, müsste ich mir ein Lieblingskapitel aussuchen, einen Teil, der mich besonders fasziniert, aber ein Kapitel liegt mir doch am meisten am Herzen, und das ist das Kapitel über die Seelenzeichen von Tieren. Ich hoffe, dass ich in Zukunft noch mehr darüber schreiben kann.

Ich habe beschlossen, das Ende und den Anfang der nächsten Phase meines Lebens mit Geschichten der Hoffnung für uns alle zu beginnen, auch für diejenigen unter uns, die unerträgliche Verluste erlitten haben. Manche von Ihnen sind vielleicht der Ansicht, dass es bewegendere und wichtigere Dinge zu erzählen gibt, und vielleicht haben Sie ja auch Recht – aber nicht heute, nicht genau in diesem Augenblick, denn während ich dies hier schreibe, findet eine Manifestation statt.

Ich habe Ihnen doch in dem Kapitel »Alle Geschöpfe groß und klein« von Rosie, meinem wunderschönen kleinen Brittany Spaniel erzählt.

Sie kam mit achtzehn Monaten zu mir, und sie war grob

und grausam behandelt worden. Daher war sie am Anfang sehr ängstlich und traute den Menschen nicht, obwohl sie sich an mich sofort anschloss. Ich brauchte viel Geduld, sie war extrem liebesbedürftig und musste sehr sanft angefasst werden. Aber sie ist eine Kämpfernatur, ist charakterstark und hat einen unabhängigen Geist. Niemand wird sie jemals unterjochen können. Sie ist definitiv ein Erdzeichen. Definitiv ein Krieger. Eine wahre Krieger Seele.

Ich fand den Tumor an ihrer rechten Pfote letzten Januar, und er wurde in einer Operation entfernt. Bis Mai war alles in Ordnung, aber dann trat der Tumor wieder auf, und dieses Mal viel schlimmer. Wie ich Ihnen ja bereits berichtet habe, mussten ihre Schulter und der rechte Vorderlauf entfernt werden. Sie erholte sich rasch davon, so rasch, dass der Chirurg ganz überrascht war, und ich war dankbar für die vielen Gebete aller, die sie kannten, weil ich wusste, dass sie meinem Hund geholfen hatten.

Sommer und Herbst waren eine gute Zeit für sie. Sie schwamm und jagte Frösche und begann wieder, mit meinem Labrador Nino zu spielen, und obwohl sie mittlerweile zehn Jahre alt war, erkannte ich den Welpen in ihr wieder, je kräftiger sie wurde.

Anfang Dezember wusste ich, dass der Krebs wieder da war. Das ist einer der Nachteile meiner Gabe – zu wissen, was man gar nicht wissen will. Ich wusste, dass es dieses Mal ernst war.

Sie lag mir gegenüber auf dem Sofa, wenn ich schrieb. Sie war ruhig und zufrieden und hatte keine Schmerzen. Aber ich wusste es.

In den folgenden Wochen versuchte ich mir einzureden, dass ich mich geirrt hatte. Es gab keine äußerlichen Anzeichen, sie fraß gut, spielte, war gern draußen, obwohl es jetzt Winter und sehr, sehr kalt war. Ich hatte keinen Grund, es zu wissen, ich konnte es gar nicht wissen, ich wollte es nicht wissen ... und doch wusste ich es.

Ich achtete sorgfältig auf jedes Zeichen, das mir bestätigte, dass ich Recht hatte, und als ich nichts bemerkte, redete ich mir ein, dass ich mich geirrt hatte. Ich versuchte, dem Schmerz, der unweigerlich kommen würde, den Rücken zuzudrehen.

Am 31. Dezember, an Silvester, starb meine geliebte Rosie. Es ging schnell und schmerzlos und war leicht für sie. Nur für mich und die anderen, die sie geliebt haben, war es nicht so leicht.

Seitdem sind einige Wochen vergangen, und ich weiß, dass sie nicht wirklich gegangen ist. Sie liegt zu meinen Füßen, während ich dies hier schreibe, und ich spüre ihre Nase an meinem Knöchel. Wenn ich nicht einen Block auf den Knien liegen hätte, wäre sie mir bestimmt schon auf den Schoß gesprungen, um mit mir zu schmusen, wie sie es immer getan hat.

Sie ist wieder völlig gesund und sieht so aus wie vor ihrer Operation. Ihr Atem bläst warm über meinen Fuß, und ihre Energie ist so stark wie immer.

Beruhigt blicke ich zu ihr hinunter, und meine Sorgen um sie schwinden, als ich sehe, dass es ihr gut geht.

»Ich bin eine Krieger Seele, Rosie«, flüstere ich, wobei ich wie alle Krieger mit meinen Emotionen kämpfe und versuche weiterzuschreiben, während ich sie anschaue.

Sie hebt den Kopf und blickt mich aus ihren wundervollen, haselnussbraunen Augen an, gibt mir Stärke und Inspiration – eine kleine Krieger Seele der anderen.

Jetzt spüre ich Grauer Adler näher kommen, ich sehe ihn neben mir stehen, eine weitere Krieger Seele. Ich höre seine Stimme, kräftig und klar, und er sagt:

»Es gibt nur das Ende eines Anfangs, das uns zum Beginn eines weiteren Endes und eines weiteren Anfangs führt. Es gibt kein Schlusskapitel, nur das Leben, das weitergeht«, sagte er. »Nur das Leben, das nach dem Leben weitergeht.«

Ich blicke auf meine Rosie, die immer noch zu meinen Füßen liegt, und ich blicke wieder auf mich, eine wahre Krieger Seele genau wie sie. Das Wissen um diesen wunderschönen Garten, unseren Garten der Seelen voller hinreißend schöner Narzissen, tröstet und segnet mich.

Meine Rosie hebt den Kopf und blickt mich an. Unsere Blicke begegnen sich, und ich weiß, dass es wahr ist.

Es gibt kein Schlusskapitel.

DANK

Zunächst gilt mein unendlicher Dank Gott, dem Grauen Adler und der geistigen Welt für ihre stete, beständige Inspiration. Ich danke auch meiner Freundin und Agentin Joni Evans – wirklich ein Strahlender Stern – für ihre Unerschütterlichkeit, ihre Unterstützung, ihre Ratschläge und vor allem für ihre Begeisterung. Danke meiner Freundin und Neugeborenen Seele Joan, die so viele Stunden mit mir an den unvermeidlichen und manchmal mühsamen Änderungen gearbeitet hat. Danke auch Denise, der Alten Seele, ohne deren Hilfe dieses Buch nie über das handschriftliche Stadium hinausgekommen wäre; vielen, vielen Dank für ihre Geduld und ihre harte Arbeit. Ich bedanke mich auch bei der neuen kleinen Blume in meinem Büro, Juliet, die definitiv der Funke ist, den wir brauchten. Und mein Dank gilt meinen Schülern, den willigen Versuchskaninchen in diesem Projekt. Ein besonderes Dankeschön geht an mein Heilerteam in England für seine stete Freundschaft und Unterstützung.

Ebenso möchte ich allen bei Rodale danken, den Herstellern, der Presse, dem Verleger und den Lektoren, dem Postzimmer und allen anderen Angestellten, die ich vielleicht vergessen habe zu erwähnen. Mein besonderer Dank gilt Stephanie Tade, die immer an mich geglaubt hat und meinen Enthusiasmus für alles Spirituelle teilt, und Chris Potash, dem freundlichen, sensiblen Genie, der mir geholfen hat, die Einzelteile zusammenzusetzen. Als Wasserzeichen haben sie beide meine Erdzeichen-Natur genährt.

Auch meinem Freund, dem innovativen Neugeborenen Marcus Buckingham, meinem ersten »Leser«, werde ich ewig dankbar sein. Seine Hilfe war von unschätzbarem Wert.

Zum Schluss möchte ich von ganzem Herzen all denen danken, die mich so liebevoll und freundlich in ihre Herzen aufgenommen haben.

EIGENE NOTIZEN